SUSTAINABLE ARCHITECTURE
GREEN IN GREEN

LUIS DE GARRIDO

SUSTAINABLE ARCHITECTURE
GREEN IN GREEN

LUIS DE GARRIDO

monsa

SUSTAINABLE ARCHITECTURE GREEN IN GREEN
Copyright © 2011 Instituto Monsa de Ediciones

Editor, concept and project director
Josep Maria Minguet

Co-author
Luis de Garrido

Project's graphics
Samuel Ballester. Architect
Arturo Peralta. Architect

Infographics
Vicent Ribes. Architect

Collaborators
Alvaro Aparicio. Vertical garden expert
Cesar Arenal. Vertical garden expert

Design and layout
Santi Triviño
Equipo editorial Monsa

Translation
Babyl traducciones

INSTITUTO MONSA DE EDICIONES, S.A.
Gravina 43
08930 Sant Adrià de Besòs
Barcelona
Tel. +34 93 381 00 50
Fax +34 93 381 00 93
monsa@monsa.com
www.monsa.com

ISBN 978-84-15223-41-2

DL-B. 18129/2011

Printed by
GAYBAN GRAFIC, S.L.

INDEX

GREENERY AND GREEN ARQUITECTURE

The objective of sustainable green architecture is proportionate to implementing a construction related concept integrated with Nature. By way of an introduction we have therefore chosen to outline the general line of approach, focussing on the measures and specific actions fundamental to sustainable architecture The majority of measures essential to achieving this integration are visually imperceptible, fundamentally accurate architectural decisions (urban planning, typology, orientation, layout, general architecture, materials.....). Needless to say, measures such as adequate use of vegetation create an indispensable visual impression whilst inadequate use of vegetation can even create an environmentally negative impact. Well incorporated vegetation on the other hand has a highly positive affect on the environmental performance of the architecture (reduced energy consumption, oxygen emissions in the environment, improved quality of life for citizens, etc., as well as an increased effect on the integration of architecture with Nature. In other words, vegetation should be considered an essential architectural element incorporated within the unification for sustainable architecture. What we have here is an in depth study of the advantages and disadvantages of the integration between vegetation and architecture, and how the amalgamation can be put to best use. Consequently, an in depth study is featured identifying various alternatives for vegetation and vertical gardens. The study includes a far-sighted proposal by Luis De Garrido representing a revolutionary concept: the "*Murocortina vegetal*" or green curtain wall, a new architectural concept designed to cross the threshold into creative, original architecture integrated with Nature. The study concludes with an analysis of various projects demonstrating the most appropriate use of vegetation in architecture, in different types of buildings.

SUSTAINABLE ARCHITECTURE

Over the last few years, society has experience a vertiginous number of changes and disparities. The aforementioned social order and global economy has generated enormous financial and economic problems; combined with serious environmental deterioration, the overall effect amounts to serious problems and social imbalances. Taking this into account, plummeting into this social and economic void, architecture is one of the activities worst

VEGETACIÓN Y ARQUITECTURA SOSTENIBLE

El objetivo de una verdadera arquitectura sostenible consiste en realizar una actividad constructiva conceptualmente integrada en la Naturaleza. Por ello, el libro comienza mostrando la metodología general que debe seguirse para lograr una verdadera arquitectura sostenible, los indicadores de medición que deben utilizarse, y las acciones concretas que deben acometerse. La mayoría de las acciones que deben acometerse para conseguir esta integración no son perceptibles visualmente ya que son fundamentalmente correctas decisiones arquitectónicas (ordenación urbana, elección tipológica, orientación, disposición de huecos, envolvente arquitectónica, elección de materiales,...). Sin embargo, existen algunas acciones que tienen una importante impronta visual, como es el caso de la utilización adecuada de la vegetación. La vegetación mal utilizada puede suponer incluso un impacto medioambiental negativo. En cambio, la vegetación bien utilizada, supone una ventaja en el comportamiento medioambiental de la arquitectura (disminución del consumo energético, emisiones de oxigeno al medio ambiente, aumento de la calidad de vida de los ciudadanos, etc, y tiene un efecto multiplicador con respecto a su integración con la Naturaleza. Por ello, la vegetación debe concebirse como un elemento compositivo arquitectónico adicional, en la sintaxis del nuevo paradigma sostenible en arquitectura. El presente libro analiza con detalle las ventajas e inconvenientes de la vegetación integrada en la arquitectura, y como debe utilizarse de forma adecuada. Por tanto, se muestra un estudio en profundidad de las diferentes alternativas de cubiertas vegetales y de jardines verticales. El estudio incluye una propuesta visionaria de Luis De Garrido, mostrando un revolucionario concepto: el "Muro-cortina vegetal", un nuevo elemento arquitectónico que abre las puertas a la creatividad, a la innovación y a la integración de la arquitectura con la Naturaleza. El estudio se completa con el análisis de varios proyectos que muestran la correcta utilización de la vegetación en arquitectura, en diferentes tipologías de edificios.

ARQUITECTURA SOSTENIBLE.

En los últimos años la sociedad está experimentando un conjunto vertiginoso de cambios y alteraciones. El anterior orden social y económico global ha generado unos enormes problemas económicos y financie-

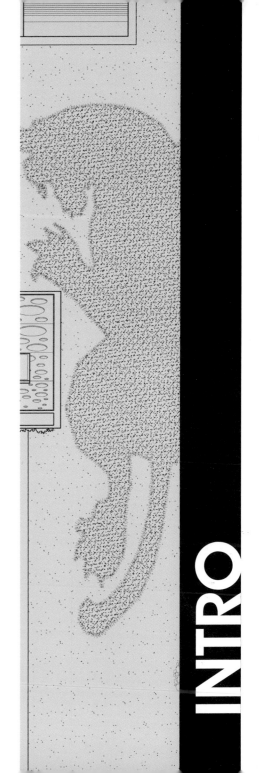

"ACTIO" Environmental Research Center. Valencia (Spain).
Centro de Investigación del Medio Ambiente "ACTIO". Valencia (España).

affected by the environment. Architectural activities are directly responsible for 50% of energy consumption and indirectly responsible for approximately 60% (including activities directly associated with construction, such as construction tools and equipment, communication, publicity, marketing and property development), not to mention approximately 50% of the world's waste disposal and emissions. These statistics are proof enough; the basic fundamentals of architecture have got to be changed, without delay. There is clearly an urgent need to establish a new sustainable concept in architecture. A strictly sustainable architectural concept able to satisfy the physical, economical and spiritual needs in today's society, perfectly and permanently integrated within the vital cycles of Nature. Self-sufficient architecture designed to put an end to environmental problems simply by making the faultless architectural decisions, reducing dependency on technology and capitalist economics to a minimum. The same strategy must be employed to establish a new sustainable concept for architecture in order to establish an internationally recognised consensus, essential to sustainable development. A universal

ros, y a su vez, un grave deterioro medioambiental, que de forma conjunta, están generando graves problemas y desequilibrios sociales. Hay que recordar que, inmersa en este obsoleto orden social y económico, la arquitectura es una de las actividades humanas que más deteriora el medioambiente. La actividad arquitectónica es responsable, de forma directa, del 50% del consumo energético, y de forma indirecta, aproximadamente del 60% (contando las actividades directamente asociadas a la construcción, tales como construcción de herramientas, maquinaria, comunicación, publicidad, promoción y actividad inmobiliaria). Del mismo modo, es responsable de aproximadamente el 50% del vertido de residuos y emisiones en todo el mundo. Estos datos ponen en evidencia que la arquitectura debe cambiar sus fundamentos básicos, con la mayor premura posible. Se debe establecer con urgencia un nuevo paradigma sostenible en arquitectura. Una arquitectura verdaderamente sostenible capaz de satisfacer las necesidades físicas, económicas y espirituales de nuestra sociedad actual, y de mantenerse perfectamente integrada en los ciclos vitales de la Naturaleza. Una arquitectura autosuficiente que resuelva los

course of action was outlined at the 1992 Río de Janeiro conference, as a means of establishing sustainable economic development. A proficient, balanced and sustainable form of development designed to guarantee the wellbeing of our society and future generations. This process is based on four fundamental processes:
1. Define current and future economic and social environment needs.
2. Establish a set of sustainability indicators to monitor and evaluate the system.
3. Execute a collection of architectural strategies to reach the desired sustainability development targets.
4. Use the indicators to evaluate the assessment guidelines and modify if need be.
A similar process must serve as a guideline to attain a new sustainable prototype for architecture:
1. Define the aspired architectural and territorial systems for the future. A target must be premeditated and accurately defined in order to reach that target. This involves a clear idea as to the most practical type of architecture for future societies, to meet human needs and guarantee the heath and wellbeing of those societies. In short, a form of architecture integrated within the vital cycles of Nature with an improvement in social balance as a result.
2. Establish a set of sustainable indicators to monitor and evaluate the system. Once the defined target has been established, a monitoring system must be regulated to know, at any moment, how far off the plan is from the target. This monitoring process is carried out by means of "sustainability indicators". The purpose of the indicators is twofold: firstly to accurately evaluate the degree of "sustainability" of a particular building and secondly, during the course of the project, to indicate, as accurately as possible, the course of direction to sustainable architecture. Sustainable indicators need to be readily identifiable, generalised and easily monitored. What's more, indicators must not overlap each other, or the degree of overlap must at least be a minimum. Lastly, an evaluation of the collection of indicators should be able to assess the possible degree of sustainability of a building.
3. Execute a collection of architectural strategies to reach the desired sustainability development targets. The sustainability indicators can then be used as a guide to plan specific architectural actions to reach the goals identified in the first point. These actions must not only be the most effective possible with the least possible expenditure but

problemas medioambientales tan solo con correctas decisiones arquitectónicas, reduciendo al máximo su dependencia tecnológica, y su dependencia al sistema económico capitalista. Para establecer un nuevo paradigma sostenible para la arquitectura debe seguirse la misma estrategia, consensuada internacionalmente, necesaria para lograr un desarrollo sostenible. En la cumbre de Río de Janeiro de 1992, se delimitó un proceso general para lograr un desarrollo económico sostenible. Un desarrollo que pueda garantizar el bienestar de nuestra sociedad, pero de un modo equilibrado y sostenible que pueda asegurar el bienestar de las generaciones venideras. Este proceso constaba de cuatro puntos básicos:
1. Delimitar el entorno social y económico que deseamos en el presente, y en el futuro.
2. Formalizar un conjunto de indicadores sostenibles, como sistema de evaluación y medición.
3. Ejecutar un conjunto de políticas de actuación, para lograr el desarrollo sostenible deseado.
4. Evaluar estas políticas de evaluación con la ayuda de los indicadores, y en su caso, modificarlas.
Por tanto, se debe seguir un proceso similar para lograr un nuevo paradigma sostenible para la arquitectura:
1. Delimitar el sistema territorial y arquitectónico que deseamos para el futuro. Para poder conseguir una determinada meta, previamente debe visualizarse y definirse con precisión. Por ello se debe tener una idea clara del tipo de arquitectura más conveniente para la sociedad de los próximos años. Una arquitectura que satisfaga las necesidades humanas, y que asegure su salud y su bienestar. Una arquitectura verdaderamente integrada en los ciclos vitales de la Naturaleza, y que permita un mejor equilibrio social.
2. Formalizar un conjunto de indicadores sostenibles, como sistema de evaluación y medición. Una vez delimitada la meta que se desea consguir, se debe formalizar una herramienta de medición para saber, en cada momento, cuan lejos se está de alcanzarla. Este proceso de medición se realiza por medio de "indicadores sostenibles". La responsabilidad de los indicadores es doble: por un lado pueden evaluar directamente el grado de "sostenibilidad" de un determinado edificio, y por otro lado, en fase de proyecto, pueden indicar con bastante precisión el camino que se debe tomar para lograr una verdadera arquitectura sostenible. Un indicador sostenible debe ser fácilmente identificable, debe tener un carácter muy general, y debe poder medir con mucha facilidad. Además, un indicador no debe

10

must also be adaptable to the socioeconomic state of a particular country or region.

4. Use the sustainability indicators to evaluate the assessment guidelines and modify if need be. The result of these architectural actions should be evaluated, every so often, by means of the sustainability indicators. Providing the result of the evaluation is positive, the established strategy can be continued. If the result is negative, architectural actions and proposed strategies must be readjusted to be more effective. To go into detail, the first course of action, to implement this strategy to attain sustainable architecture, is to accurately identify the required target. That is to say, a clear, exhaustive and mutual definition on what the term "sustainable architecture" is understood to mean.

solaparse con otro, o al menos tener el mínimo grado de solapamiento. Por último, el conjunto de los indicadores debe poder evaluar el grado de sostenibilidad posible de un edificio.

3. Ejecutar un conjunto de estrategias arquitectónicas para lograr el entorno sostenible deseado. Utilizando los indicadores sostenibles como guía, se deben proponer acciones arquitectónicas concretas con el fin de lograr los objetivos identificados en el primer punto. Estas acciones deberían ser lo más efectivas posible, tener el menor coste posible, y al mismo tiempo, deben ajustarse a la realidad socio-económica de un determinado país o región.

4. Evaluar las estrategias arquitectónicas con ayuda de los indicadores sostenibles. El resultado de estas acciones arquitectónicas debe evaluarse, cada cierto tiempo, mediante el uso de los indicadores sostenibles. Si el resultado de la evaluación es positivo, puede seguirse con la estrategia establecida. En cambio, si el resultado de la evolución es negativo, las políticas de actuación y las acciones arquitectónicas diseñadas deben reajustarse con el fin de ser más eficaces. Entrando en detalles, lo primero que debe hacerse para ejecutar esta estrategia, que permite obtener una verdadera arquitectura sostenible, es identificar con precisión la meta que se desea lograr. Es decir, hay que definir con precisión lo que debe entenderse, de forma exhaustiva y consensuada, por "arquitectura sostenible".

"Towards another Architecture" Exhibition. (Fundación Canal. Madrid. Project of Luis De Garrido.)
Exposición "Towards another Architecture". (Fundación Canal. Madrid. Proyecto de Luis De Garrido.)

"Lliri Blau" Sustainable Housing Complex. Valencia (Spain).
Complejo de viviendas sostenibles "Lliri Blau". Valencia (España).

With 20 years experience, Luis De Garrido has come up with a tangible definition: "Genuine Sustainable Architecture satisfies the needs of its occupants, regardless of time or place, without jeopardizing the wellbeing and development of future generations. Sustainable Architecture therefore has a duty to respect human development and social stability, adopting architectural strategies aimed at optimising resources and materials, reduce energy consumption, support renewable energy, reduce waste and emissions to a minimum, reduce maintenance and building costs to a minimum and improve the quality of life of its occupants". This definition of Sustainable Architecture has been accepted and approved by 12 of the world's most highly respected architects, committed to sustainable architecture, at the 2010 World Sustainable Architecture Exhibition, at the Fundación Canal, in Madrid. Ken Yeang, Emilio Ambasz, Norman Foster, Richard Rogers, Antonio Lamela, David Kirkland, Jonathan Hines, Rafael de la Hoz, Iñigo Ortiz, Enrique León, Mario Cucinella and Winny Maas (MVRDV).

En este sentido, y tras 20 años de experiencia, Luis De Garrido ha propuesto una definición concreta: "Una verdadera Arquitectura Sostenible es aquella que satisface las necesidades de sus ocupantes, en cualquier momento y lugar, sin por ello poner en peligro el bienestar y el desarrollo de las generaciones futuras. Por lo tanto, la arquitectura sostenible implica un compromiso honesto con el desarrollo humano y la estabilidad social, utilizando estrategias arquitectónicas con el fin de optimizar los recursos y materiales, disminuir el consumo energético, promover la energía renovable, reducir al máximo los residuos y las emisiones, reducir al máximo el mantenimiento, la funcionalidad y el precio de los edificios y mejorar la calidad de la vida de sus ocupantes". Esta definición de Arquitectura Sustentable, ha sido aceptada y validada por 12 de los mejores arquitectos del mundo, comprometidos con la arquitectura sostenible, con ocasión de la Exposición Mundial de Arquitectura Sostenible, en la Fundación Canal, de Madrid, en el año 2010. Ken Yeang, Emilio Ambasz, Norman Foster, Richard Rogers, Antonio Lamela, David Kirkland, Jonathan Hines, Rafael de la Hoz, Iñigo Ortiz, Enrique León, Mario Cucinella y Winny Maas (MVRDV).

The definition clearly identifies the overall objectives essential to achieving sustainable architecture. These objectives constitute the basic pillars for sustainable architecture.
- Optimise use of materials and resources.
- Reduce energy consumption and support renewable energy sources.
- Reduce waste and emissions.
- Reduce maintenance, exploitation and deterioration.
- Improve the quality of life for occupants in the buildings.

The degree of attainment in each of these basic pillars represents the level of sustainability in a construction. These basic pillars are notably general and ambiguous and must therefore be divided into different segments within each pillar and easy to identify, implement and evaluate simultaneously. These segments will be referred to as "sustainability indicators", used to evaluate the level to of sustainability for a particular building (if the building is already constructed) and also to set the construction standards for a 100% sustainable building (for new building projects). Consequently, the indicators establish a set of standards by which sustainable architecture is achieved. Listed as follows are 38 sustainability indicators, effective guidelines to attain genuine architectural sustainability.

1. Optimize use of materials and resources.
- Use natural materials and resources.
- Use durable materials and resources
- Use reclaimed materials and resources.
- Re-use materials and resources
- Use re-usable materials and resources.
- Re-utilisation of materials and resources used.
- Use recycled materials and resources.
- Use recyclable materials and resources.
- Assess recycling of materials and resources used.
- Assess repair and renovation of used resources.
- Assess suitability of resources.

2. Reduce energy consumption
- Energy consumption to obtain construction materials.
- Energy consumption for transportation of materials.
- Energy consumption for labour transportation.
- Energy consumption in the construction process for the building.
- Energy consumption for the building.
- Suitability of the technology used as regards intrinsic human boundaries.
- Assess usage of natural energy sources according to the building's bioclimatic design.

En esta definición quedan claramente identificados los objetivos generales que deben lograrse para conseguir una arquitectura sostenible. Estos objetivos constituyen, por tanto, los pilares básicos en los que se debe fundamentar la arquitectura sustentable.
- Optimización de los recursos y materiales.
- Disminución del consumo energético y fomento de energías renovables.
- Disminución de residuos y emisiones.
- Disminución del mantenimiento, explotación y uso de los edificios.
- Aumento de la calidad de vida de los ocupantes de los edificios.

El grado de consecución de cada uno de estos pilares básicos constituye, por tanto, el nivel de sostenibilidad de una construcción. Como estos pilares básicos son muy generales y ambiguos, se hace necesario dividirlos en varias partes, de tal modo que sean diferentes entre sí, y al mismo tiempo, fáciles de identificar, de ejecutar, y de evaluar. Estas partes se denominarán "indicadores susten-tables", y servirán tanto para evaluar el grado de sostenibilidad de un determinado edificio (si el edificio ya está construido), como para dar las pautas para la construcción de un edificio 100% sustentable (para el proyecto de nuevos edificios). De este modo, los indicadores se convierten en un conjunto de pautas a seguir para la consecución de una arquitectura sustentable. A continuación se presentan los 38 indicadores sustentables que posibilitan la obtención de una verdadera arquitectura sostenible.

1. Optimización de los recursos y materiales.
- Utilización de materiales y recursos naturales.
- Utilización de materiales y recursos duraderos.
- Utilización de materiales y recursos recuperados.
- Reutilización de materiales y recursos.
- Utilización de materiales y recursos reutilizables.
- Grado de reutilización de los materiales y recursos utilizados.
- Utilización de materiales y recursos reciclados.
- Utilización de materiales y recursos reciclables.
- Grado de reciclaje de los materiales y recursos utilizados.
- Grado de renovación y reparación de los recur-sos utilizados.
- Grado de aprovechamiento de los recursos.

2. Disminución del consumo energético.
- Energía utilizada en la obtención de materiales de construcción.
- Energía consumida en el transporte de los materiales.

- Thermal inertia of the building.
- Assess usage of natural energy sources with technological devices.
- Energy consumption in the demolition of the building.

3. Reduce waste and emissions.

- Waste and emissions generated obtaining construction materials.
- Waste and emissions generated in the building's construction process.
- Waste and emissions generated during the activity of the building.
- Waste and emissions generated in the deconstruction of the building.

- Energía consumida en el transporte de la mano de obra.
- Energía utilizada en el proceso de construcción del edificio.
- Consumo energético del edificio.
- Idoneidad de la tecnología utilizada respecto a parámetros intrínsecos humanos.
- Grado de utilización de fuentes de energía naturales mediante el diseño bioclimático del edificio.
- Inercia térmica del edificio.
- Grado de utilización de fuentes de energía naturales mediante dispositivos tecnológicos.
- Consumo energético en el desmontaje del edificio.

3. Disminución de residuos y emisiones.

- Residuos y emisiones generados en la obtención de los materiales de construcción.
- Residuos y emisiones generados en el proceso de construcción del edificio.
- Residuos y emisiones generados durante la actividad del edificio.
- Residuos y emisiones generados en la deconstrucción del edificio.

Hernandez" Eco-House. Barcelona (Spain).
Casa ecológica "Hernández". Barcelona (Spain)

"Mariposa" Eco-House. Cali (Colombia).
Casa "Mariposa". Cali (Colombia).

4. Reduce maintenance, exploitation and deterioration of the buildings.
- Suitability of the material's durability in relation to its useful life in the building.
- Energy consumption when the building is in use.
- Energy consumption when the building is not in use.
- Consumption of resources due to activity in the building.
- Emissions caused by activity in the building.
- Energy consumption used to access the building.
- Assess maintenance requirements for the building.
- Socioeconomic environment and maintenance costs.
- Building costs.

5. Increase the quality of life for occupants in the buildings.
- Harmful emissions for the environment.
- Harmful emissions for human health.
- Level of illness and disease of the building's occupants.
- Level of satisfaction and wellbeing of occupants.

4. Disminución del mantenimiento, explotación y uso de los edificios.
- Adecuación de la durabilidad del material a su vida útil en el edificio.
- Energía consumida cuando el edificio está en uso.
- Energía consumida cuando el edificio no está en uso.
- Consumo de recursos debido a la actividad en el edificio.
- Emisiones debidas a la actividad en el edificio.
- Energía consumida en la accesibilidad al edificio.
- Grado de necesidad de mantenimiento del edificio.
- Entorno socio-económico y costes de mantenimiento.
- Coste del edificio.

5. Aumento de la calidad de vida de los ocupantes de los edificios.
- Emisiones nocivas para el medio ambiente.
- Emisiones nocivas para la salud humana.
- Índice de malestares y enfermedades de los ocupantes del edificio.

As you might expect, the relative value differs in all of these indicators, and it is therefore essential to use the correct coefficients. Similarly, many indicators are interrelated and must correspond, depending on the specific social and economic environment. Lastly, the cost of implementing each indicator varies, and it is therefore essential to promote the most productive and cost effective as opposed to inefficient and costly alternatives. Once the sustainable indicators have been identified, they can then be used to design specific architectural actions as a means of achieving authentic sustainable architecture. Sustainable indicators not only measure but also define and recommend appropriate actions.

Since these actions are directly related to specific environmental, social and economic environments, these Indicators are unable to accurately define these actions. Nevertheless, sustainable indicators are able to suggest the most effective architectural actions and, above all, outline the actions. That is to say, these indicators contribute with common sense and the knowledge relating to an established environment for the purpose of defining necessary and appropriate architectural actions. In view of this fact, to identify a specific list of architectural actions crucial to achieving authentic global architectural sustainability is no mean task. However, an exhaustive universal list of all possible actions can in fact be created. This list should be defined and modified for specific environmental, social and economic environments. As follows: The list of generic architectural actions essential to reaching the sustainable architecture goal:

1. Protect the environment.
- Guarantee the safety of the Biosphere.
- Preserve territorial cohesion.
- Adopt a holistic view of the environment
- Reduce surfacing to a minimum.
- Reduce construction on cultivated terrain.
- Promote high-rise construction and reduce city expansion.
- Promote city reclamation and avoid expansion.

2. Protect Flora and Fauna.
- Preserve existing ecosystem and indigenous Flora and Fauna.
- Conserve existing Habitats.
- Guarantee holistic integration with the environment.

3. Ensure human nutrition.
- Encourage locally produced food products
- Reduce transportation of food products.
- Reduce fertilizer usage.
- Ensure human diet causes no climatic changes.

- Grado de satisfacción y bienestar de los ocupantes.
Por supuesto, todos estos indicadores no tienen el mismo valor relativo, es por ello que hay que utilizar coeficientes correctores. Del mismo modo, muchos indicadores están relacionados, por lo que hay que llegar a un compromiso, dependiendo del entorno social y económico concreto. Por ultimo, llevar a cabo cada indicador no tiene el mismo coste económico, por lo tanto, hay que potenciar aquellos que son más efectivos y más económicos, sobre los más caros e ineficaces. Una vez identificados los indicadores sostenibles, se está en condiciones de diseñar acciones arquitectónicas concretas, con el fin de lograr una verdadera arquitectura sostenible. Los indicadores sostenibles son una herramienta de medición, pero al mismo tiempo, acotan y sugieren las acciones que deben tomarse. Los indicadores no pueden delimitar estas acciones con precisión, ya que éstas dependen directamente de un entorno social, económico y medioambiental concreto. Sin embargo, los indicadores sostenibles pueden sugerir el tipo de acciones arquitectónicas más efectivas y, sobre todo, acotarlas. Es decir, los indicadores colaboran con el sentido común, y con el conocimiento que se tenga de un determinado entorno, con el fin de delimitar las acciones arquitectónicas concretas que deben tomarse. Según esto, no se puede identificar un listado concreto de las acciones arquitectónicas necesarias para lograr una verdadera arquitectura sostenible de forma global. Sin embargo, si que se puede crear un listado genérico exhaustivo con todas las acciones posibles, de tal modo que no falte ninguna. Este listado debe acotarse y modificarse para un entorno social, económico y medioambiental concreto. A continuación se proporciona el listado de acciones arquitectónicas genéricas que deben ejecutarse con el fin de lograr una arquitectura sostenible:

1. Proteger el medio ambiente.
- Garantizar la integridad de la Biosfera.
- Reducir la fragmentación del Territorio.
- Percibir el entorno de forma holística.
- Reducir al máximo la pavimentación.
- Reducir la edificación en tierras de cultivo.
- Promover la edificación en altura y la compactación de la ciudad.
- Promover el reciclaje de las ciudades y evitar su expansión.

2. Proteger la Fauna y la Flora.
- Preservar el ecosistema existente, y la Fauna y Flora locales.
- Conservar los Hábitats existentes.

- Encourage food cultivation on buildings.
- Encourage self-sufficient water systems in buildings.

4. Modify cultural values and human lifestyles.
- Reassess human needs.
- Reassess social needs.
- Satisfy basic human needs
- Guarantee human integration with social and historic environment.
- Guarantee human activities with no impact on Nature.
- Guarantee human activities without any negative impact on the Climate.

5. Improve human wellbeing and quality of life.
- Use healthy materials.
- Use non-emissive materials
- Use natural ventilation.
- Meet the needs of human social relationships.
- Improve human quality of life.

6. Optimize resources (natural and artificial).
- Ensure durability
- Recuperate
- Repair and reuse.
- Recycle.
- Demolish.
- Reintegrate

7. Promote Industrial architecture and mass production.
- Industrialize.
- Use modular components.
- Use prefabricated components.

8. Reduce waste and emissions to a minimum.
- Re-use.
- Control and reduce waste.
- Employ simple construction solutions.
- Reduce contamination.
- Reduce waste.
- Use non-emissive materials.
- Use biodegradable materials.
- Use waste materials

9. Encourage use of natural renewable energy sources.
- Use solar energy.
- Use wind energy.
- Use geothermal energy

10. Reduce power consumption.
- Bioclimatic building design
- Employ simple construction solutions
- Use local materials.
- Use local workforce.
- Promote high thermal inertia construction.
- Design high energy efficient construction solutions.

- Garantizar la integración holística con el entorno.

3. Asegurar la nutrición humana.
- Fomentar la producción local de alimentos.
- Reducir el transporte de alimentos.
- Reducir los fertilizantes.
- Asegurar que la dieta humana no genere cambio climático alguno.
- Promover el cultivo de alimentos en los edificios.
- Fomentar la autosuficiencia de agua en los edificios.

4. Modificar el estilo de vida humano y sus valores culturales.
- Reevaluar las necesidades humanas.
- Reevaluar las necesidades sociales.
- Satisfacer las necesidades humanas básicas.
- Garantizar la integración con el entorno histórico y social.
- Asegurar una actividad humana sin impacto en la Naturaleza.
- Asegurar una actividad humana sin impacto negativo en el Clima.

5. Mejorar el bienestar humano y su calidad de vida.
- Proyectar con materiales saludables.
- Proyectar con materiales no emisivos.
- Proyectar con ventilación natural.
- Satisfacer las relaciones sociales humanas.
- Mejorar la calidad de vida humana.

6. Optimizar recursos (naturales y artificiales).
- Proyectar para durar.
- Proyectar para recuperar.
- Proyectar para reparar y reutilizar.
- Proyectar para reciclar.
- Proyectar para desmontar.
- Proyectar para reintegrar.

7. Fomentar la Industrialización y la prefabricación.
- Proyectar para industrializar.
- Proyectar con componentes modulares.
- Proyectar con componentes prefabricados.

8. Reducir al máximo las emisiones y los residuos.
- Proyectar para reutilizar.
- Proyectar para gestionar y reducir residuos.
- Proyectar con soluciones constructivas sencillas.
- Reducir la contaminación.
- Reducir los residuos.
- Proyectar con materiales no emisivos.
- Proyectar con materiales biodegradables.
- Proyectar con residuos.

9. Fomentar el uso de energías naturales renovables.
- Proyectar para utilizar energía solar.
- Proyectar para utilizar energía eólica.
- Proyectar para utilizar energía geotérmica.

10. Reducir el consumo de energía.
- Proyectar con tipologías bioclimáticas de edificios.

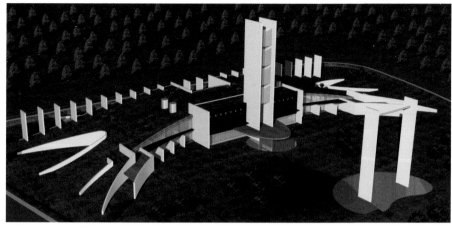

"Palacio del Sol" International Expo Building. Requena (Spain).
Exposición Internacional de Construcción "Palacio del Sol". Requena (España).

"Alabau" Eco-House. Valencia (Spain).
Casa ecológica "Alabau". Valencia (España).

- Use the least possible machinery and equipment.
- Promote self-sufficient energy systems in buildings.

11. Reduce costs and maintenance.
- Integrate with local economic environment.
- Use simple solutions.
- Prolong the lifecycle of buildings.
- Use satisfactory, simple technological solutions.

12. Modify transportation systems.
- Reduce the number of cars.
- Ensure ground surface usage is proportional to public transport.
- Encourage on foot and cycling travel.

Every one of these architectural actions represents a different economic cost. Some actions are extremely efficient and economical whilst others are extremely costly. Evidently, the ideal objective would be to construct all buildings with the highest level of sustainability, at the least possible economic cost. All of this boils down to selecting the most economically efficient, architecturally sustainable, actions, within the means of the available budget. These actions must therefore be classified in terms of economic cost and environmental efficiency. To calculate the economic cost, first there are the different currencies on top of which, the environmental efficiency of each action is calculated by the 38 established sustainable indicators. In 2003, Luis De Garrido carried out an in-depth study and comparative classification of all possible architectu-

- Proyectar con soluciones constructivas simples.
- Utilizar materiales locales.
- Utilizar mano de obra local.
- Fomentar la construcción con alta inercia térmica.
- Proyectar soluciones constructivas de alta eficiencia energética.
- Proyectar con la menor cantidad posible de artefactos.
- Fomentar la autosuficiencia energética en los edificios.

11. Reducir el coste y el mantenimiento.
- Proyectar de forma integrada al entorno económico.
- Proyectar con soluciones sencillas.
- Proyectar para prolongar el ciclo de vida de los edificios.
- Proyectar con soluciones tecnológicas sencillas y adecuadas.

12. Cambiar los sistemas de transporte.
- Reducir el número de automóviles.
- Asegurar la utilización de suelo proporcional al transporte público.
- Fomentar los desplazamientos a pié y en bicicleta.

Cada una de estas acciones arquitectónicas tiene un coste económico diferente. Algunas acciones son extremadamente económicas y eficaces, sin embargo, otras acciones son muy costosas. Es evidente que el objetivo ideal sería poder construir todos los edificios con el máximo nivel de sostenibilidad, al menor coste económico posible. Por ello, se deben

ral actions, with surprising results. By and large, the most efficient actions, from an environmental point of view, turned out to be the most economical and the least efficient, the most costly, referred to as "The inverted pyramid model". Evidently, the first actions to undertake are the least costly with the most environmental efficiency. By contrast, the very last actions prove to be the most costly with the least environmental efficiency.

elegir las acciones arquitectónicas sostenibles más eficaces y más económicas, de tal modo que no se supere el presupuesto disponible. Se hace necesario, por tanto, clasificar estas acciones de acuerdo con su coste económico, y de acuerdo a su eficacia medioambiental. Para medir el coste económico ya se tienen las diferentes monedas de cada país, Y la eficacia medioambiental de cada acción se mide con los 38 indicadores sostenibles establecidos. En el año 2003, Luis De Garrido realizó un estudio exhaustivo y a una clasificación comparativa de todas las posibles acciones arquitectónicas, y obtuvo resultados sorprendentes. Resultó que, en general, las acciones más eficaces desde un punto de vista medioambiental, son las más económicas, y a su vez, las acciones menos eficaces, son las más caras. Es lo que se denomina "Modelo de las pirámides invertidas". Es evidente que las primeras acciones que deben ejecutarse son aquellas de menor coste y de mayor eficacia medioambiental. Y las últimas que deben tomarse son aquellas de mayor coste y de menor eficacia medioambiental.

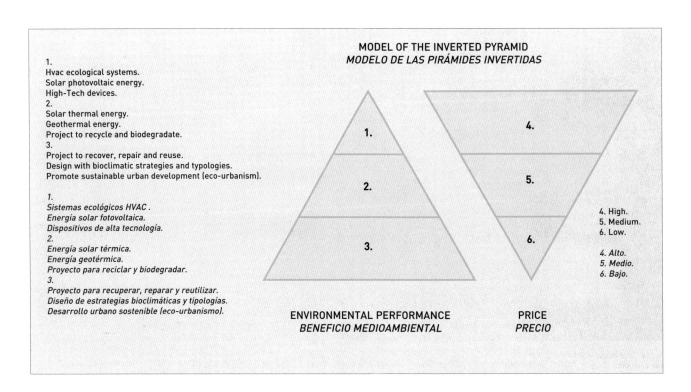

MODEL OF THE INVERTED PYRAMID
MODELO DE LAS PIRÁMIDES INVERTIDAS

1.
Hvac ecological systems.
Solar photovoltaic energy.
High-Tech devices.
2.
Solar thermal energy.
Geothermal energy.
Project to recycle and biodegradate.
3.
Project to recover, repair and reuse.
Design with bioclimatic strategies and typologies.
Promote sustainable urban development (eco-urbanism).

1.
Sistemas ecológicos HVAC .
Energía solar fotovoltaica.
Dispositivos de alta tecnología.
2.
Energía solar térmica.
Energía geotérmica.
Proyecto para reciclar y biodegradar.
3.
Proyecto para recuperar, reparar y reutilizar.
Diseño de estrategias bioclimáticas y tipologías.
Desarrollo urbano sostenible (eco-urbanismo).

4. High.
5. Medium.
6. Low.

4. Alto.
5. Medio.
6. Bajo.

ENVIRONMENTAL PERFORMANCE
BENEFICIO MEDIOAMBIENTAL

PRICE
PRECIO

Since the level of sustainability of a building will be drastically reduced, generating unjustifiable extra costs, these actions are justifiable only in the most extreme circumstances and providing all previous options have been exhaustively adopted. The most costly and least efficient architectural actions should only be adopted in buildings with a sufficient budget: symbolic, representative or exemplary building constructions, aiming for the highest possible level of sustainability. As follows: A classification of the most habitual architectural actions, according to economic cost, listed in order of environmental efficiency. Understandably, the list is far from exhaustive and needs to be extended for each specific environment.

1. Actions with no excessive additional costs (with high environmental efficiency).

- Reevaluate human needs.

- Reevaluate social needs.

- Encourage sustainable city living (eco-urbanism): Reduce construction in cultivated areas, promote high-rise construction and prevent city expansion, encourage inner-city recycling, encourage on-foot and cycle travel, reduce surfacing as much as

Estas solo están justificadas en casos muy excepcionales, y no se adoptarán hasta que no se hayan adoptado exhaustivamente todas las anteriores, ya que en otro caso, se está reduciendo drásticamente el grado de "sostenibilidad" de un edificio, y al mismo tiempo, generando un sobrecoste injustificado. Las acciones arquitectónicas más caras y menos eficaces sólo se deberían adoptar en edificios para los que se disponga de un presupuesto suficiente: edificios simbólicos, edificios representativos, o edificios modélicos, en los que se pretenda obtener el mayor grado de sostenibilidad posible. A continuación se proporciona una clasificación de las acciones arquitectónicas más habituales, según su coste económico, y ordenadas por su eficacia medioambiental. Por supuesto este listado no es ni mucho menos exhaustivo, y debe ampliarse para cada entorno concreto.

1. Acciones sin coste adicional significativo (y alta eficacia medioambiental).

- Reevaluar las necesidades humanas.

- Reevaluar las necesidades sociales.

- Fomentar una ordenación urbana sostenible (eco-urbanismo): Reducir la edificación en tierras de

"Torres" Eco-house. Castellón (Spain).
Casa ecológica "Torres". Castellón (España).

"Coluz" clinic building. Valencia (Spain).
Clínica "Coluz". Valencia (España).

possible, encourage food produce self-sufficiency (cultivation in buildings and green zones), encourage energy self-sufficiency (reduce requirements, use solar energy and geothermic energy), encourage water self-sufficiency (collect rainwater, recycle water).
- Use simple and economical construction solutions.
- Count on durability
- Prolong lifecycle of buildings.
- Use discarded or used resources.
- Use bioclimatic strategies and typologies.
- Use the least possible technological equipment and devices.
- Refurbish.
- Repair.
- Re-use.
- Reduce waste.
- Industrialize: Use modular and prefabricated components.
- Use simple construction solutions (for example: simple ventilated facades)
- Encourage natural ventilation without mechanical installations.
- Use local materials.
- Use local workforce.
- Promote construction with high thermal inertia (heavy materials and green roofs).

2. Actions with a moderate additional cost (and average environmental efficiency).
- Use thermal solar energy.
- Use geothermic energy.
- Use biomass as an energy source.
- Reduce emissions harmful to the environment.
- Recycle.
- Use non emissive materials.
- Use healthy materials.
- Use ecological materials.
- Use recycled materials.
 -Use biodegradable materials.
- Use mechanical natural ventilation systems.
- Use water purification and treatment systems.
- Use rain water collection and treatment systems.
- Develop high energy efficiency construction solutions.
- Develop complex construction solutions (for example: complex ventilated facades).
- Use thermal air-conditioning systems with solar or geothermal energy for under floor heating.
- Encourage food cultivation on buildings. .

3. Actions with excessive additional costs (and poor environmental efficiency).
- Use photovoltaic energy.
- Use wind energy.

cultivo, promover la edificación en altura y la compactación de la ciudad, promover el reciclaje interno de las ciudades y evitar su expansión, fomentar los desplazamientos a pié y en bicicleta, reducir al máximo la pavimentación, fomentar la autosuficiencia de alimentos (cultivar en edificios y en zonas verdes), fomentar la autosuficiencia de energía (disminuir necesidades, utilizar energía solar y geotérmica), fomentar la autosuficiencia de agua (recoger agua de lluvia, reciclar aguas grises).
- Proyectar con soluciones constructivas simples y económicas.
- Proyectar para durar.
- Proyectar para prolongar el ciclo de vida de los edificios.
- Utilizar recursos utilizados o desechados.
- Proyectar con tipologías y estrategias bioclimáticas.
- Utilizar la menor cantidad posible de artefactos y dispositivos tecnológicos.
- Proyectar para recuperar.
- Proyectar para reparar.
- Proyectar para reutilizar.
- Proyectar para reducir residuos.
- Proyectar para industrializar: Utilizar componentes modulares, utilizar componentes prefabricados.
- Proyectar con soluciones constructivas simples (por ejemplo: fachadas ventiladas simples).
- Fomentar la ventilación natural sin dispositivos mecánicos.
- Utilizar materiales locales.
- Utilizar mano de obra local.
- Fomentar la construcción con alta inercia térmica (materiales pesados y cubiertas ajardinadas).

2. Acciones con coste adicional moderado (y media eficacia medioambiental).
- Utilizar energía solar térmica.
- Utilizar energía geotérmica.
- Utilizar biomasa como fuente energética.
- Reducir las emisiones nocivas al medio ambiente.
- Proyectar para reciclar.
- Proyectar con materiales no emisívos.
- Proyectar con materiales saludables.
- Proyectar con materiales ecológicos.
- Proyectar con materiales reciclados.
- Proyectar con materiales biodegradables.
- Utilizar sistemas mecánicos de ventilación natural.
- Utilizar sistemas de depuración y reutilización de aguas grises.
- Utilizar sistemas de recogida y reutilización de agua de lluvia.
- Proyectar soluciones constructivas de alta eficiencia energética.

"Portillo" Eco-House. Valencia (Spain).
Casa ecológica "Portillo". Valencia (España).

"Virgen" Eco-House. Valencia (Spain).
Casa ecológica "Virgen". Valencia (España).

- Convection heating systems
- Use thermal air-conditioning systems for under floor heating.
- Use solar under floor heating systems in association with non-bioclimatic architecture.
- Use ecological air conditioning systems.
- Use home automation systems.
- Use natural light and conduction systems.
- Use low energy consumption technologies.
- Use ecological technologies.
- Use ineffective high cost ventilated façade systems.
- Use reservoir roof.

- *Proyectar con soluciones constructivas complejas (por ejemplo: fachadas ventiladas complejas).*
- *Utilizar sistemas de acondicionamiento térmico por suelos radiantes con energía solar o geotérmica.*
- *Promover el cultivo de alimentos en los edificios.*

3. Acciones con alto coste adicional (y muy baja eficacia medioambiental).
- *Utilizar energía solar fotovoltaica.*
- *Utilizar energía eólica.*
- *Utilizar sistemas de calefacción por convección.*
- *Utilizar sistemas de acondicionamiento térmico por suelos radiantes eléctricos.*
- *Utilizar sistemas de suelos radiantes solares asociados a una arquitectura no bioclimática.*
- *Utilizar sistemas de aire acondicionado ecológicos.*
- *Utilizar sistemas domóticos de control.*
- *Utilizar sistemas de conducción de iluminación natural.*
- *Utilizar altas tecnologías de bajo consumo energético.*
- *Utilizar altas tecnologías ecológicas.*
- *Utilizar sistemas de fachadas ventiladas poco efectivas y costosas.*
- *Utilizar cubiertas-aljibe.*

Actions listed in group 1 are basically politically correct architectural decisions. Actions listed in group 2 include architectural decisions with reduced efficiency and selected high-tech systems with a high level of environmental efficiency. Actions listed in group 3 are basically technological systems with a low or very low level of environmental efficiency. Therefore the actions initially adopted with high priority are clearly listed in the first group. Actions listed in the second group should only be adopted when all actions in the first group have already been adopted and remain unable to meet the needs of the architectural project. Likewise, actions listed in the third group should only be adopted if crucial, when actions from either of the two first groups have been impossible to adopt, whatever the reason. Taking into account that many of the actions listed in group three are extre-mely costly and relatively inefficient (home automa-tion systems, cistern tanks, free of charge high-tech devices, etc.) and should be avoided at all cost. In point of fact, proof of the enormous strategies implemented by companies and financial interests, in connivance with political interests encouraging the use of hi-tech devices and systems (regardless of whether are "ecological", "sustainable" or "environmentally friendly"). Hi-tech devices which, in reality, are extremely expensive with little or no environmental efficiency and, in the majority of cases, no use at all in terms of authentic sustainable architecture. In other words, authentic sustainable architecture is simply a matter of ma-king the right political and architectural decisions.

- GREENERY IN GREEN ARCHITECTURE

The concept of Green Architecture is accurately defined in the previous chapter, as is the detailed strategy employed to achieve this concept at the least possible cost. By and large, the seeds for this new concept are already sown and redefining the relation between human activity and Nature. Hence, along with many other issues, there's clearly a need to amend the basic foundations which, until now, have regulated both the architecture and its relation with vegetation. A relation guaranteed to promote a giant leap forward as regards basic approaches. For this reason, the need to establish a new structural concept and a new architectural language is essen-tial to the development of new architectural aims not only integrated with Nature but a counterpart to Nature. Rationalistic parameters and their funda-mental nature are clearly no longer valid and, in the

Las acciones del grupo 1, son básicamente decision-es arquitectónicas y políticas correctas. Las acciones del grupo 2 incluyen decisiones arquitectónicas de menor eficacia y elecciones de sistemas tecnológicos de alta eficiencia medioambiental. Las acciones del grupo 3 son básicamente decisiones tecnológicas de baja o muy baja eficacia medioambiental. Es evidente que las acciones que deben adoptarse de forma prioritaria son las del primer grupo. Y solo deben adoptarse acciones del segundo grupo cuando se hayan adoptado todas las acciones del primer grupo, y todavía no se hayan satisfecho las necesidades del proyecto arquitectónico. Del mismo modo, solo se adoptaran las acciones del grupo tercero, cuando sean absolutamente necesarias, y en los casos en los que haya sido imposible adoptar, por las razones que sea, algunas acciones de los dos primeros gru-pos. Hay que señalar que muchas de las acciones del grupo tercero son extraordinariamente caras y poco eficaces (sistemas domóticos de control, cubiertas aljibe, dispositivos tecnológicos gratuitos, etc.) y deberían evitarse de forma generalizada. Por todo lo expuesto sorprende que la mayoría de las acciones que se suelen adoptar pertenezcan al grupo tercero. Es una prueba de la enorme manipulación ejercida por los intereses económicos y empresariales, en connivencia con los intereses políticos, que fomen-tan el consumo de dispositivos tecnológicos (sean o no, "ecológicos", "sostenibles" o "respetuosos con el medio ambiente"). Dispositivos tecnológicos que en realidad son muy caros, tienen poca eficacia medio-ambiental y, en la mayoría de las ocasiones, ni siquiera son necesarios para realizar una verdadera arquitectura sostenible. Por tanto, una verdadera arquitectura sostenible se consigue básicamente con correctas decisiones arquitectónicas y políticas.

- LA VEGETACION EN ARQUITECTURA SOSTENIBLE (Green in Green Architecture)

En el capítulo anterior se ha definido con exactitud el nuevo paradigma de Arquitectura Sostenible, y se ha establecido una estrategia detallada para poder conseguirla, al menor precio posible. Este nuevo paradigma se ha gestado, de forma general, redefi-niendo la relación de la actividad humana con la Naturaleza. Por ello, parece obvio que, entre otras muchas cosas, se deban revisar los fundamentos tradicionales que han regulado tanto la praxis de la arquitectura, como su relación con la vegetación. Lo cual fomentará un enorme salto creativo en sus planteamientos básicos. Por tanto es necesario

majority of cases, contrary to new social and environmental objectives. What's more, due to the established limits of these obsolete parameters and their conflicts, the opportunity to develop or adapt is non-existent and therefore totally ineffective from an environmental point of view, and will also lose its fundamental nature. Consequently, every possible architectural element included the new language concept must be established, from zero. Some of the traditional composition elements should be discarded in favour of establishing alternatives whilst some existing elements are redesigned.

A segment, just one segment, of the elements yet to be established, incorporates green architectural components. Green architectural components are more important than ever and, even though this has always been the case, these components have usually been relegated to second place, on account of dissimilar architectural languages.

establecer una nueva sintaxis de composición, un nuevo lenguaje arquitectónico que permita la creación de nuevos objetos arquitectónicos integrados en la Naturaleza, y como extensión de la misma. Es evidente que los parámetros racionalistas, por su propia esencia, no son válidos, y en la mayoría de los casos son contrarios a estos nuevos objetivos sociales y medioambientales. Es mas, debido a sus propias limitaciones estos obsoletos parámetros no pueden evolucionar, ni siquiera maquillarse, ya que entrarían en conflicto entre si, y serían ineficaces desde un punto de vista medioambiental, y perderían además su esencia compositiva. Como consecuencia, se deben establecer, desde cero, cada uno de los posibles elementos arquitectónicos compositivos del lenguaje del nuevo paradigma arquitectónico. Algunos elementos compositivos tradicionales deben desecharse, y en cambio se deben establecer otros nuevos, y se deben rediseñar algunos ya existentes. Como parte, y solo una parte, de los nuevos elementos que deben establecerse, se encuentran los componentes arquitectónicos vegetales. Los componentes arquitectónicos vegetales son ahora más necesarios que nunca, y aunque siempre lo han sido, tradicionalmente han sido relegados a un segundo lugar, por los distintos lenguajes arquitectónicos.

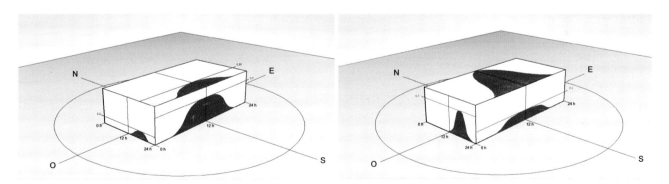

fig. 1 - **CHARTS SHOWING AMOUNT OF SOLAR RADIATION ABSORBED BY DIFFERENT FACADES IN WINTER AND SUMMER.**
In winter (left) the south façade absorbs the most solar radiation whilst the roof, east and west facades, absorb very little. The chart shows the majority of apertures should be on the south façade and this must be the largest of all.
In summer (right), the roof absorbs the most solar radiation, followed by the west, south and east, in that order. This chart clearly indicates the importance of insulating the roof and avoiding apertures on the west façade.

fig. 1 - *DIAGRAMAS DE LA RADIACIÓN SOLAR RECIBIDA POR LAS DIFERENTES FACHADAS DE UN EDIFICIO EN INVIERNO Y EN VERANO.*
En invierno (izquierda) la fachada sur es la que más radiación solar recibe mientras que la cubierta y las fachadas este y oeste, reciben muy poca. De este diagrama se deduce que la mayoría de huecos deben situarse en la fachada sur y que esta debe ser la más extensa de todas.
En verano (derecha), la cubierta es la que más radiación solar recibe, seguida de las fachadas oeste, sur y este, en este orden. De este diagrama se deduce la importancia del aislamiento en la cubierta y la necesidad de no poner huecos al oeste.

A particularly worrying situation as regards rationalist approaches is that, in the majority of cases, vegetation has been used merely as a visual or sculptural feature, along the lines of a "Reserve" or piece of music, left with little or no expression. Rationalism has attempted to control – or substitute green components to a degree which is neither environmentally friendly nor beneficial as regards the quality of life of citizens. The time has come for an architectural revolution, an evolutionary system incorporating vegetation as one of the prime elements. Featured below is a detailed study of the most effective way to integrate greenery with roofs, facades and unique architectural elements, to improve the level of sustainability and the bioclimatic performance. In view of this, it might be a good idea to identify the advantages and disadvantages associated with using greenery

- BASIC THERMAL FUNCTIONS IN BUILDING ENVELOPES

Vegetation improves the building's insulation and inertia properties, which in turn, improves the wellbeing and quality of life of occupants, as well as a substantial reduction in energy consumption. All the same, no single architectural element can be solely responsible for improving the building's environmental and energy performance. Environmental performance can only be improved if the aforementioned element is suitably located within the overall construction. In order to establish the best location for vegetation as part of building envelope structures, it is essential to make a study of the building's thermal performance. To carry out this conceptual study we will assume the building has been correctly designed from a bioclimatic point of view. That is to say, on account of the construction design, devoid of additional technology and unwarranted economic costs and a tendency to self-regulate thermal properties, we will therefore assume the building's energy consumption is the least possible. It's important to remember that, compared to an accurate bioclimatic design, improving the thermal performance of the building alone will make little difference. To simplify the study we will assume the building is a parallelpiped south facing design.

Situación que ha sido especialmente preocupante en los planteamientos racionalistas, que, en el mejor de los casos, ha utilizado la vegetación, de un modo escultórico o simplemente visual, a modo de "reservas", o piezas de museo, reduciéndola a su mínima expresión. El racionalismo ha intentado controlar –o sustituir- los componentes vegetales de un modo que ni es beneficioso para el medio ambiente, ni para la calidad de vida de los ciudadanos. Es hora de que la arquitectura evolucione, y que lo haga incorporando la vegetación como uno de sus elementos compositivos más importantes. Por todo ello, a continuación se analiza con detalle la forma más adecuada de integrar la vegetación en cubiertas, fachadas y elementos arquitectónicos singulares, con el fin de mejorar el nivel de sostenibilidad y el comportamiento bioclimático de los edificios. Pero antes de ello convendría hacer un listado de las ventajas que implica utilizar la vegetación, y también de los problemas que podría generar.

- FUNCIONAMIENTO TERMICO BASICO DE LAS ENVOLVENTES ARQUITECTONICAS

La vegetación puede aumentar el aislamiento y la inercia de un edificio, y ello permite un aumento en el bienestar y la calidad de vida de sus ocupantes, así como una disminución sustancial del consumo energético. Sin embargo, hay que recordar que cualquier componente arquitectónico, por sí mismo, no puede ser responsable de la mejora en el comportamiento energético y medioambiental del edificio. La mejora medioambiental debe conseguirse por medio de la correcta disposición de dicho elemento en el conjunto. Por tanto, para conocer la forma óptima de colocar la vegetación en las envolventes arquitectónicas, primero se debe estudiar el comportamiento térmico de las mismas. Para realizar este estudio conceptual supondremos que el diseño del edifico ha sido correcto desde un punto de vista bioclimático. Es decir, supondremos que tan solo por el diseño realizado, y sin necesidad de tecnología adicional, y sin sobre costes económicos, el edificio va a tender a regularse térmicamente por si mismo, y por tanto, va a consumir la menor cantidad posible de energía. Es muy importante recordarlo, ya que simplemente mejorando el comportamiento térmico de las envolventes no se va a conseguir gran cosa, comparado con lo que puede lograrse con un correcto diseño bioclimático del edificio. Para simplificar el estudio supongamos que el edifico tiene forma paralelepipédica con orientación sur.

Upon observation, the highest concentration of solar radiation is on the roof, followed by the south facing facade, then the east and west faces and, lastly, the north facing façade. In other words, the architectural element with the greatest capacity for insulation is the roof (fig. 1). If a building's performance is evaluated both day and night, the conclusion will illustrate the need for insulation to improve the building's performance (fig. 2). Insulation, however, counts for nothing on the inside of a building, without exception, since the building's potential thermal inertia is unused resulting in high energy consump-

Como se observa es en la cubierta donde más radiación solar incide, después en la fachada sur, después en las caras este y oeste y, por último, en la cara norte. O lo que es lo mismo, la cubierta es el elemento arquitectónico que más capacidad de aislamiento debe tener. (fig. 1). Si se analiza el comportamiento del edificio durante el día y durante la noche, se llega a la conclusión de la necesidad de aislamiento para mejorar su comportamiento térmico. (fig. 2). Sin embargo, el aislamiento no debe disponerse nunca, sin excepción alguna, en la parte interior del edificio, ya que, de este modo, no se utiliza el

FIG.2

THERMAL PERFORMANCE OF THE BUILDING: Conventional buildings are usually poorly insulated and fairly lightweight. The effect of the radiation causes the building temperature to rise rapidly and drop rapidly without the solar radiation. Unsurprisingly, the building is hotter on the inside than the outside and cooler in winter.

COMPORTAMIENTO TÉRMICO DEL EDIFICIO: Los edificios convencionales tienen poco peso y apenas aislamiento. Por tanto se calientan muy rápidamente cuando les incide la radicación solar, y se enfrían muy rápidamente cuando no hay radiación. Por ese motivo no es extraño que en el interior del edificio haga más calor que en el exterior, y en invierno más frío.

tion to heat and ventilate the building (regardless of the insulation) (fig.3). In contrast, if the insulation is applied to a building's exterior, thermal performance is considerably improved, in some cases to the extent that heating or ventilation appliances are unneces-sary. That is to say, with the help of thermal inertia and taking into account the circadian cycles, buil-dings will be able to provide their own heating in winter and ventilation in summer. Once these common factors have been clarified, we are in position to carry out a detailed analysis of the acoustic and thermal performance of the building envelope. Usually, in vernacular and traditional architecture, single skin wall structures were used; this was due to the scarcity of materials and poor load bearing capacity. Single skin wall structures were very wide, not only on account of the poor load bearing capacity, but also the poor thermal insulation rating of the building materials. (fig.4).

potencial de la inercia térmica del edificio, y se consume mucha energía para calentar o refrescar el edifico (con independencia de su aislamiento). (fig.3). En cambio, si se dispone el aislamiento al exterior, se mejora considerablemente el comportamiento térmico de los edificios, y en algunos casos ni siquiera se necesitan artefactos para calentarlos o refrescarlos. Es decir, los edificios, con la ayuda de la inercia térmica y teniendo en cuenta los ciclos circadianos, tenderán a calentarse por sí mismos en invierno, y a refrescarse en verano. Una vez realizadas estas aclaraciones generales, se está en condiciones de analizar detalladamente el comportamiento térmico y acústico de las envolventes arquitectónicas. Tradicionalmente, en la arquitectura tradicional y vernácula, se han utilizado envolventes arquitectónicas de una sola capa. Ello se ha debido a la escasez de medios, y a su escasa capacidad portante. Los muros de una sola capa necesariamente deben ser muy anchos, no tan solo por su escasa capacidad portante, sino también, por la escasa capacidad de aislamiento térmico de los materiales utilizados. (fig.4).

However, with a perfect combination thermal inertia and insulation, single skin walls have an extraordinary thermal performance rating. The poor insulation capacity of the materials generally used (cheap and readily available locally) is compensated by the

Los muros de una sola capa tienen un comportamiento térmico extraordinario. Tienen una combinación perfecta de aislamiento térmico y de inercia térmica. La poca capacidad de aislamiento de los materiales usualmente empleados (muy económicos

INTERIOR INSULATION (CORRECT SOLUTION). A solution to prevent the rise and fall in the building's temperature is to install insulation. However, the insulation should not be on the inside of the building but on the outside.

AISLAMIENTO INTERIOR (SOLUCIÓN CORRECTA). Para evitar que el edificio se caliente o se enfríe hay que añadir aislamiento. Sin embargo, no debe ponerse el aislamiento en la parte interior sino en la exterior.

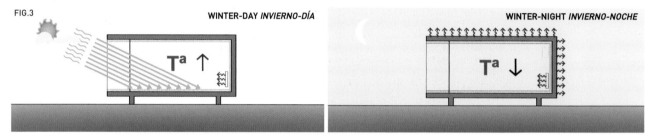

FIG.3   WINTER-DAY *INVIERNO-DÍA*   WINTER-NIGHT *INVIERNO-NOCHE*

WINTERDAY: The inside of the habitat is warmed by both solar radiation and mechanical appliances.
WINTERNIGHT: The accumulated heat in the building rapidly dissipates to the outside. The accumulated heat contributes nothing to warm the inside of the habitat, therefore requiring heating appliances and the associated energy consumption.
NVIERNO-DÍA: Se calienta el interior de la vivienda tanto por la radiación solar, como por medio de dispositivos mecánicos.
INVIERNO-NOCHE: El calor acumulado en el edificio se disipa rápidamente al exterior. Por tanto, este calor no colabora en calentar el interior de la vivienda. Como resultado, se necesitan aparatos de calefacción y el consiguiente consumo energético.

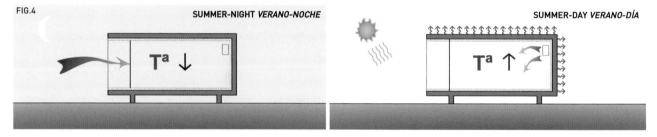

FIG.4   SUMMER-NIGHT *VERANO-NOCHE*   SUMMER-DAY *VERANO-DÍA*

SUMMERNIGHT: The habitat cools down as the outside temperature drops.
SUMMERDAY: The accumulated drop in temperature rapidly dissipates and contributes nothing to cooling the inside of the building. Air –conditioning appliances are required as a result with the associated energy consumption.
VERANO-NOCHE: Se enfría la vivienda al bajar la temperatura del exterior.
VERANO-DÍA: El fresco acumulado en el edificio se disipa rápidamente y no colabora en el refresco del interior de la vivienda. Por lo tanto se necesitan aparatos de aire acondicionado, con el consiguiete consumo energético.

thickness of the wall, which in turn accounts for the heavy weight, the outcome of which is very high thermal inertia. As previously mention, this is the perfect combination, thermal inertia to keep the building cool throughout the day, in summer, and warm throughout the night, in winter, with little or no energy consumption.

y abundantes en cada lugar) se compensa con un gran espesor del muro, lo cual le proporciona un elevado peso, y por tanto a una elevadísima inercia térmica. Esta combinación es perfecta, ya que, como se ha comentado, la inercia térmica es necesaria para mantener fresco el edificio en verano durante el día, y para mantenerlo caliente en invierno durante la noche, sin apenas consumo energético.

This type of wall structure is also breathable, a source of permanent and natural ventilation. The most inconvenient aspect of this type of wall is the enormous thickness and a significant reduction in useful space. Hence the introduction of double skin envelope wall structures, to reduce the thickness, an inner skin, with high thermal inertia and an outer skin, with insulation. Both elements in exactly the right place as a result. The thickness of double skin walls is reduced as the insulating layer can be made from special breathable materials with a high thermal insulation capacity (such as, rockwool, hemp, coconut fibre, wood fibre....). It has to be said that, in recent years, the insulation layer has generally been placed on the inside of the building envelope, a practice contrary to the entire explanation. A practice contrary to scientific principles and reasoning, now a common practice, above all in housing buildings. The insulation has been applied to the inside of the building for the simple reason that it is much easier to put on the inside as opposed to the outside. A practice which, in short, has led to increased energy wastage, diminished the value of materials essential to the thermal inertia in the acoustic and thermal performance of the buildings and ultimately reduced the wellbeing of citizens outlined in the study (fig. 5). As an evolutionary result, two skin walls have become three and four skin walls. Three skin walls include consist of adding an extra skin on the outside of two skin walls. This third skin has to be relatively thin since its purpose is to protect the insulating layer and serve as a decorative finish for the building. This outer skin has little or no effect as regards increasing insulation performance or thermal inertia. As the outer layer is not an insulating material, insulation is barely increased and thermal inertia is not increased because it is on the outer part of the insulation. Increasing the thermal inertia of a building has to be done on the other side of the insulation layer, inside the building. The weight of the outer decorative skin must therefore carry the least weight possible as there will be no gain at all with a larger volume. (fig.6). The only way to increase the level of insulation in a three skin wall, in cold climates, is to increase the insulation. Alternatively, to increase the level of insulation in mild climates, an additional ventilation layer must be inserted between the insulation and outer skin.

Además, este tipo de muro es transpirable, y permite por tanto la ventilación continua y natural. El mayor inconveniente de este tipo de muros es su enorme espesor, y por tanto, la reducción que supone en la superficie útil en un edificio. Por ello, y con la finalidad de reducir al máximo el espesor de los muros envolventes, se deben utilizar dos capas. Una capa interior con alta inercia térmica, y una capa exterior aislante. De este modo se ubica cada elemento justo en el lugar en donde es necesario. Los muros de dos capas necesitan menos espesor, ya que la capa aislante puede estar constituida por un material especial con alta capacidad de aislamiento térmico, y transpirable (por ejemplo, lana de oveja, fibra de cáñamo, fibra de coco, fibra de madera...). Hay que hacer constar que, en los últimos años se ha realizado, de forma generalizada, una práctica contraria a todo lo expuesto, y se ha colocado la capa de aislamiento en la parte interior de las envolventes arquitectónicas. Una práctica contraria a la razón y a los dictados científicos, y que se ha convertido en habitual sobre todo en los edificios de viviendas. Simplemente se ha colocado el aislamiento en la parte interior de los edificios porque es más fácil colocarlo en el interior que en el exterior. De este modo, y tal como se ha analizado, ha disminuido el bienestar de los ciudadanos, se ha fomentado el despilfarro energético, y se ha menospreciado el papel importantísimo que tiene la inercia térmica en el comportamiento térmico y acústico de los edificios (fig. 5). Como resultado evolutivo del muro de dos capas se obtienen los muros de tres y de cuatro capas. El muro de tres capas consiste en añadir una capa exterior al muro de dos capas. Esta capa exterior debe tener muy poco grosor, ya que su utilidad es proteger la capa aislante y servir de remate decorativo final. Esta capa exterior apenas aumenta ni el aislamiento, ni la inercia térmica del conjunto. Apenas aumenta el aislamiento porque el material de remate no es aislante, y no aumenta la inercia térmica ya que está situado en la parte exterior del aislamiento. Si se deseara aumentar la inercia térmica de un edificio debe hacerse en la parte interior del aislamiento. Por todo ello, la capa exterior decorativa debe tener el menor peso posible, ya que no serviría de nada que su masa fuese mayor. (fig.6). Si se desea aumentar el nivel de aislamiento del muro de tres capas en climas fríos simplemente hay que aumentar el aislamiento. En cambio, si se desea aumentar el nivel de aislamiento en climas cálidos lo que deba hacerse es intercalar una nueva capa de ventilación, entre el aislamiento y el remate exterior.

EXTERNAL INSULATION AND INTERNAL THERMAL INERTIA (CORRECT SOLUTION). Placing the insulation on the outside of the building increases the inertia inside the building; the thermal inertia is then used to save energy and create a more comfortable and natural habitat.
AISLAMIENTO EXTERIOR E INERCIA TÉRMICA INTEIOR (SOLUCIÓN CORRECTA). Colocando el aislamiento en la parte exterior y aumentando la inercia por el interior, aprovechamos la inercia térmica para ahorrar energía y lograr un hábitat más confortable y natural.

FIG.5   WINTER-DAY *INVIERNO-DÍA*   WINTER-NIGHT *INVIERNO-NOCHE*

WINTERDAY: The building interior is heated by solar radiation. The heat rises gradually in the building.
WINTERNIGHT: In winter, the accumulated heat in the building is prevented by the insulation from escaping the building's interior and therefore slowly dissipates to the interior of the building. As a result, the habitat remains warm without any energy consumption.
INVIERNO-DIA: Se calienta el interior de la vivienda por la radiación solar. El calor se va acumulando poco a poco en la masa del edificio.
INVIERNO-NOCHE: En invierno, el calor acumulado en la masa del edificio no puede salir al exterior debido al aislamiento exterior y se disipa lentamente al interior. De este modo el interior de la vivienda se mantiene caliente sin consumo energético.

FIG.6   SUMMER-NIGHT *VERANO-NOCHE*   SUMMER-DAY *VERANO-DÍA*

SUMMERNIGHT: The building cools as the outside temperature drops. The temperature drops overnight in the habitat with the windows open. The interior of the building gradually becomes cooler overnight.
SUMMERDAY: The cool accumulated in the building overnight dissipates into the interior and keeps the habitat cool, without the need for appliances and therefore, without energy consumption.
VERANO-NOCHE: Se enfría la masa del edificio al bajar la temperatura del esterior. La vivienda se enfría en su interior al abrir las ventanas de noche. El fresco se va acumulando poco a poco en la masa interna del edificio.
VERANO-DÍA: El fresco acumulado en la masa del edificio se disipa al interior y mantiene fresca la vivienda, sin necesidad de artefactos, y por tanto, sin cosumo energético.

In warm climates, increasing insulation in buildings, beyond requirements, is unlikely to reduce energy consumption completely. In climates such as this, buildings cool down naturally overnight and remain cool throughout the following day. Maintaining this cool air will depend on the building's thermal inertia. If, on the other hand, insulation is increased above requirements, buildings will no cool down overnight and technological appliances will be required to cool the building the following day, resulting in increased energy consumption. This may well be the biggest flaw in one of Spain's current building regulations, the Código Técnico de la Edificación (CTE) or Tech-

En climas cálidos aumentando el aislamiento de los edificios por encima de lo estrictamente necesario, no se reduce en absoluto el consumo energético. En este tipo de clima los edificios se refrescan de forma natural durante la noche, y se mantienen frescos a lo largo del día siguiente. El mantenimiento de este fresco dependerá de la inercia térmica que tengan. Pero si se aumentara el aislamiento más de lo conveniente, los edificios no se enfriarían por la noche, y por tanto, al día siguiente se necesitarían artefactos tecnológicos para refrescarlos, con el consiguiente aumento del consumo energético. Este es quizás el mayor defecto del actual Código

nical Building Code. The CTE, like the majority of Spain's building regulations, is a superficial adaptation of European regulations, and as such, encourages increased thermal insulation as a means of reducing energy consumption. A useful practice in northern European countries with predominantly cold climates but totally inappropriate for Spain and warm climates in general where increased thermal insulation, beyond necessity, requires the use of mechanical cooling appliances and an enormous increase in energy consumption in summer. Alternative building envelopes such as ventilated facades are more appropriate for warm climates. Ventilated facades have nothing to offer in terms of any improvement in winter but quite the reverse in summer. Solar radiation affects and warms the outer skin.

Técnico de la Edificación en España (CTE). Como la mayoría de la normativa española en materia de edificación, el CTE es una superficial adaptación de las normativas europeas, y por tanto fomenta el aumento del aislamiento térmico, supuestamente con el fin de reducir el consumo energético. Esta práctica es útil en el norte de Europa, en donde las bajas temperaturas son dominantes, pero en España y en general en climas cálidos aumentar el aislamiento térmico por encima de lo estrictamente necesario, aumenta enormemente el consumo energético en verano, ya que obliga a instalar sistemas mecánicos de refresco. En climas cálidos debe utilizarse una envolvente arquitectónica alternativa, como son fachadas ventiladas. Estas fachadas ventiladas no suponen ninguna mejora en invierno, pero sí en verano. La radiación solar incide sobre la capa exterior y la calienta. Este calor acumulado se disipa por medio de la capa ventilada trasera. De este modo la capa ventilada colabora junto con la capa de aislamiento, reduciendo la cantidad de calor que llega al muro, y por tanto evita que el interior del edificio se caliente.

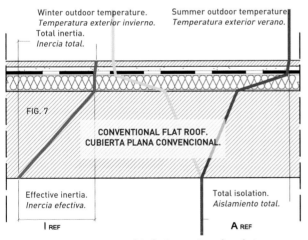

Winter outdoor temperature. *Temperatura exterior invierno.* Total inertia. *Inercia total.*
Summer outdoor temperature. *Temperatura exterior verano.*
FIG. 7
CONVENTIONAL FLAT ROOF. CUBIERTA PLANA CONVENCIONAL.
Effective inertia. *Inercia efectiva.*
Total isolation. *Aislamiento total.*
I REF
A REF
Interior temperature of comfort. *Temperatura interior de confort.*

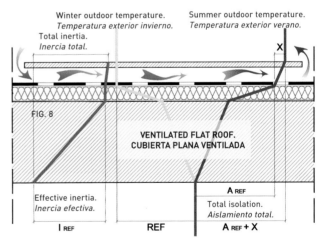

Winter outdoor temperature. *Temperatura exterior invierno.* Total inertia. *Inercia total.*
Summer outdoor temperature. *Temperatura exterior verano.*
X
FIG. 8
VENTILATED FLAT ROOF. CUBIERTA PLANA VENTILADA
Effective inertia. *Inercia efectiva.*
A REF
Total isolation. *Aislamiento total.*
I REF
REF
A REF + X
Interior temperature of comfort. *Temperatura interior de confort.*

GREEN ROOFS

A conventional roof (fig. 7) has the same structural elements as a three skin wall or ventilated façade (fig. 8), as a result of which the roof has a well ventilated base. Integrating greenery therefore has to be carried out in a suitable fashion, ensuring this

CUBIERTAS AJARDINADAS

Una cubierta convencional (fig. 7) tiene la misma estructura que un muro de tres capas, o la de una fachada ventilada (fig. 8), en el caso de que la cubierta tenga un solado elevado ventilado. Por tanto, si se desea integrar vegetación, hay que hacerlo de un

newly incorporated element is an advantage as opposed to a disadvantage (fig. 9). Whilst greenery has little to offer as regards improving the building's overall thermal performance, the soil it requires has a great deal to offer. The layer of soil provides some insulation (not a great deal) but does in fact generate significant thermal inertia. To apply thermal inertia to both is possible providing the appropriate measures are taken, if not, the advantages of the newly incorporated greenery may well be lost (fig. 10). As outlined in the conceptual study of three skin envelopes, the outer skin is simply protection for the insulation and therefore lightweight since insulation must always be on the outside and thermal inertia on the inside. The incorporation of a layer of soil on a roof contradicts this conceptual model of a building envelope as we will be applying thermal inertia outside the layer of insulation, with little or no advantage to the building save for slight increase in insulation.

modo conveniente, teniendo mucho cuidado de que la incorporación de este nuevo elemento suponga alguna ventaja, y no un inconveniente (fig. 9). La vegetación en si misma no supone ninguna ventaja apreciable para el comportamiento térmico general del edificio, pero si la tierra que necesita. La capa de tierra supone un cierto aislamiento (no mucho), pero ante todo supone una gran inercia térmica. Pero este posible aporte de inercia térmica al conjunto debe hacerse de una forma adecuada ya que, de otro modo, podría desperdiciarse las ventajas que supone este nuevo aporte de la vegetación (fig. 10). Como se ha dicho en el estudio conceptual de las envolventes de tres capas, la capa exterior es simplemente una protección del aislamiento, y no debe pesar, ya que el aislamiento siempre debe estar al exterior, y la inercia térmica, para que suponga una ventaja, debe estar siempre en el interior. Pues bien, la incorporación de la capa de tierra en una cubierta contradice este modelo conceptual de cualquier envolvente arquitectónica, ya que estaríamos incorporando la inercia térmica al exterior del aislamiento, con lo cual no supondría apenas ninguna ventaja al edificio, excepto una pequeñísima mejora en su aislamiento.

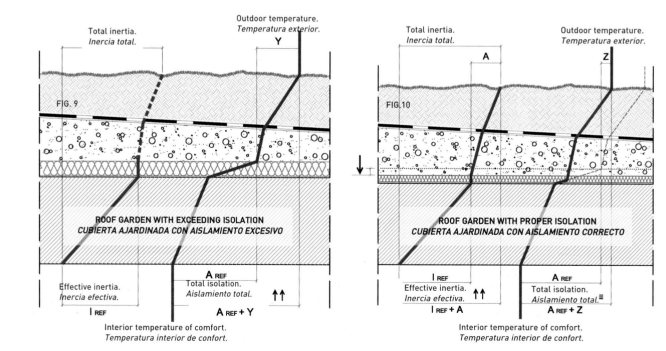

FIG. 9

Total inertia.
Inercia total.

Outdoor temperature.
Temperatura exterior.
Y

Effective inertia.
Inercia efectiva.
I REF

A REF
Total isolation.
Aislamiento total.
A REF + Y ↑↑

ROOF GARDEN WITH EXCEEDING ISOLATION
CUBIERTA AJARDINADA CON AISLAMIENTO EXCESIVO

Interior temperature of comfort.
Temperatura interior de confort.

FIG.10

Total inertia.
Inercia total.
A

Outdoor temperature.
Temperatura exterior.
Z

Effective inertia.
Inercia efectiva. ↑↑
I REF + A

A REF
Total isolation.
Aislamiento total. ≡
A REF + Z

ROOF GARDEN WITH PROPER ISOLATION
CUBIERTA AJARDINADA CON AISLAMIENTO CORRECTO

Interior temperature of comfort.
Temperatura interior de confort.

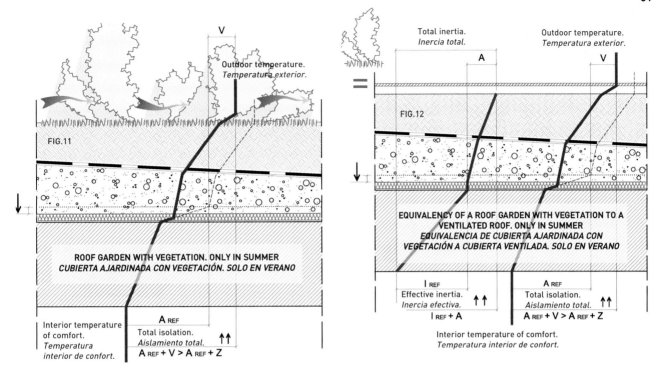

FIG.11

Outdoor temperature.
Temperatura exterior.

V

ROOF GARDEN WITH VEGETATION. ONLY IN SUMMER
CUBIERTA AJARDINADA CON VEGETACIÓN. SOLO EN VERANO

Interior temperature of comfort.
Temperatura interior de confort.

A REF
Total isolation.
Aislamiento total. ↑↑
A REF + V > A REF + Z

FIG.12

Total inertia.
Inercia total.

A

Outdoor temperature.
Temperatura exterior.

V

EQUIVALENCY OF A ROOF GARDEN WITH VEGETATION TO A VENTILATED ROOF. ONLY IN SUMMER
EQUIVALENCIA DE CUBIERTA AJARDINADA CON VEGETACIÓN A CUBIERTA VENTILADA. SOLO EN VERANO

I REF
Effective inertia.
Inercia efectiva. ↑↑
I REF + A

A REF
Total isolation.
Aislamiento total. ↑↑
A REF + V > A REF + Z

Interior temperature of comfort.
Temperatura interior de confort.

A more economical improvement could be achieved simply by increasing the thickness of the existing layer of insulation (fig. 11-12). A green roof clearly has to be something more than an enormous flower-pot supported by the building structure. As such, the addition of vegetation would simply be a question of something purely ornamental, nothing to do with sustainability and even contrary to objectives, with no advantage whatsoever and many disadvantages (cost, maintenance, increased load bearing, water supply....). To deposit a great amount of soil on a rooftop and hope to benefit from this new amalga-mation, the appropriate conceptual model is the single skin wall, in other words, an extremely thick wall, with reduced insulation capacity but a high level of thermal inertia. In other words, a roof gar-den can be advantageous providing the construction is the same as the conceptual model for a single skin wall; the insulation layer between the skins must be therefore be reduced to a minimum. If the insulation is excessive, the thermal inertia from the great amount of soil will count for nothing and the building will become nothing more than a flowerpot. With this

Una mejora que podría hacerse de un modo más económico, simplemente aumentando el espesor de la capa de aislamiento ya existente. (fig. 11-12). Es evidente que una cubierta vegetal debe ser algo más que una enorme maceta aguantada por le estructura del edificio. De ser así la incorporación de la vegeta-ción sería simplemente una cuestión ornamental, que nada tendría que ver con la sostenibilidad, inclu-so podría ser contraria a sus objetivos, ya que no supondría ventaja alguna, y si muchos inconvenien-tes (sobre coste, mantenimiento, mejora portante estructural, necesidad de agua,...). Por tanto, si se desea incorporar una gran masa de tierra en una cubierta, y sacar ventaja de esta nueva incorporación el modelo conceptual que debe adoptarse es el de muro de una sola capa, es decir, de un muro de gran espesor, con reducida capacidad de aislamiento, pero con gran inercia térmica. O lo que es lo mismo, para que una cubierta vegetal suponga una ventaja debe construirse siguiendo el modelo conceptual de un muro de una sola capa, por lo que debe reducirse al máximo la capa de aislamiento intermedia. Si el aislamiento es muy elevado, sencillamente no servi-

line of reasoning we might consider removing the insulation layer but in actual fact this is essential, for two reasons. Firstly, the highest concentration of solar radiation is on rooftops and because, in reality, the large amount of soil and lightweight concrete drainage which can and must be incorporated in a roof garden, provides little in the way of additional insulation. The need for a great volume of soil is unnecessary and counteracted by the need to improve the building's load bearing capacity, and eventually the economic cost. With the additional volume, the combined thickness is around 30 to 50cm. However, the conventional thermal insulation of the great volume amounts to barely 2-3cm. Secondly, since rain converts this great amount of soil into an enormous thermal bridge, there's no guarantee of any insulation potential. Imagine a roof garden in a very hot climate where the temperature of the outer skin around 40 degrees. When it rains, the water will soak into the soil, heat up, seep down into the centre and heat the soil. That is to say, the rain increases the thermal bridges of the soil and significantly reduces the soil's insulation potential (fig.13). Considering these factors, insulation is a necessity but the layer must be as thin as possible, simply to guarantee adequate insulation throughout (with minimum contribution from the insulation layer). Generally, the thickness of the insulation layer should one or two centimetres less than that on a conventional flat roof. Bearing in mind the biggest advantage of a green roof is the increase in thermal inertia, the basic conceptual structure of a green roof, as explained, must be as follows. The lower layer is the structural support and must therefore be as large as possible. Next we have the insulation layer. On top of the insulation layer, the pitched layer with sufficient fall to provide adequate water drainage for the roof. The pitched drainage layer can be made from a number of materials, usually lightweight, such as lightweight aggre-gate, lightweight concrete, or similar. The filter membrane is then placed on top of the pitched drainage layer.

ría para nada el aporte de inercia térmica que supone la gran masa de tierra, y el edificio se convertiría simplemente en un macetero. Siguiendo este razonamiento podría pensarse que sería interesante eliminar la capa de aislamiento. Pero el caso es que es necesaria. Es necesaria por dos motivos. El primero es que la cubierta de los edificios es donde más radiación solar incide, y porque en realidad la masa de tierra y hormigón aligerado de pendientes que puede y debe incorporarse en una cubierta ajardinada no supone mucho aislamiento adicional. La masa de tierra no debe ser muy grande, ya que ello obligaría a mejorar la estructura portante del edificio, y por tanto su coste económico. Lo habitual es que la masa que se añada tenga un espesor conjunto aproximado, entre 30 cm y 50 cm. Esta gran masa apenas equivale a 2 - 3 cm. de aislamiento térmico convencional. La segunda razón es que la masa de tierra no siempre tiene poder aislante, ya que la lluvia la convierte en un enorme puente térmico. Imagínese una cubierta ajardinada en un clima caluroso, en donde la temperatura de la capa exterior de la tierra pueda estar a 40 grados de temperatura. Pues bien, cuando llueva, el agua incidirá sobre la tierra, se calentará, y se filtrará hasta llegar a la capa interior de tierra, y la calentará. Es decir, la lluvia aumenta los puentes térmicos de la tierra, y reduce muchísimo su capacidad aislante (fig. 13). Por estas dos razones, se concluye que la capa de aislamiento debe existir, pero debe tener el menor espesor posible, simplemente para garantizar el correcto aislamiento del conjunto (pero con el mínimo aporte de la capa de aislamiento). En general, el espesor de la capa de aislamiento debe ser uno o dos cm. inferior al que se necesitaría en una cubierta plana convencional. Se debe tener presente que la mayor ventaja de una cubierta ajardinada es el aumento de inercia térmica que supone. Por todo lo expuesto, la estructura conceptual básica de una cubierta ajardinada debe ser la siguiente. La capa inferior es el forjado del edificio, que recordemos, debe tener la mayor masa posible. A continuación debe situarse la capa de aislamiento. Sobre el aislamiento debe colocarse la capa de formación de pendientes, con la pendiente necesaria para el correcto drenaje de agua de la cubierta. Esta capa de formación de pendientes puede realizarse con varios tipos de materiales, habitualmente con un peso no muy elevado, como son los áridos aligerados, los hormigones aligerados, o similar. Sobre la capa de pendientes debe colocarse la capa de impermeabilización.

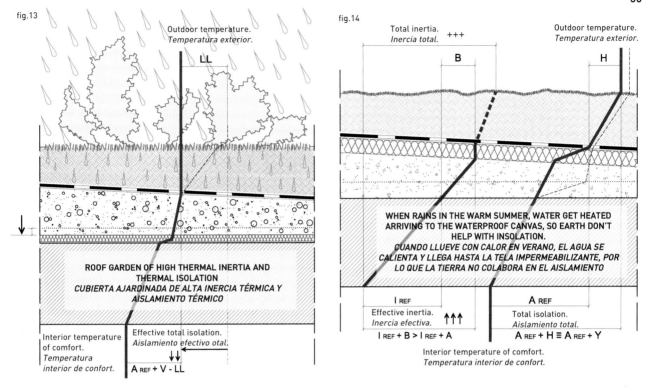

fig.13

Outdoor temperature.
Temperatura exterior.

LL

ROOF GARDEN OF HIGH THERMAL INERTIA AND THERMAL ISOLATION
CUBIERTA AJARDINADA DE ALTA INERCIA TÉRMICA Y AISLAMIENTO TÉRMICO

Interior temperature of comfort.
Temperatura interior de confort.

Effective total isolation.
Aislamiento efectivo otal.

A REF + V - LL

fig.14

Total inertia.
Inercia total. +++

B

Outdoor temperature.
Temperatura exterior.

H

WHEN RAINS IN THE WARM SUMMER, WATER GET HEATED ARRIVING TO THE WATERPROOF CANVAS, SO EARTH DON'T HELP WITH INSOLATION.
CUANDO LLUEVE CON CALOR EN VERANO, EL AGUA SE CALIENTA Y LLEGA HASTA LA TELA IMPERMEABILIZANTE, POR LO QUE LA TIERRA NO COLABORA EN EL AISLAMIENTO

I REF

Effective inertia.
Inercia efectiva.

I REF + B > I REF + A

A REF

Total isolation.
Aislamiento total.

A REF + H ≡ A REF + Y

Interior temperature of comfort.
Temperatura interior de confort.

The quality of and characteristics of the filter membrane are vital, the membrane not only has to guarantee the roof is waterproof but also be resistant or repellent to the roots of the vegetation likely to be planted. This filter membrane usually multi-layered, depending on the particular type supplied by various manufactures. I personally always use the same root-repellent filter membrane: Polytaber Garden, from Asfaltos Chova, undoubtedly the best on the market, in terms of quality and price. A very lightweight protection layer is then placed on top of the filter layer. This layer serves to protect the filter membrane from footsteps, tools, etc. during the construction process. A one centimetre layer of lightweight concrete is usually sufficient. Next, a drainage layer to provide adequate rain water drainage beneath the layer of soil.

Es fundamental la calidad y características de la capa impermeabilizante, ya que no solo debe asegurar la impermeabilización de la cubierta, sino también debe ser resistente o repelente a las raíces de las especies vegetales que se deseen colocar. Habitualmente esta capa impermeabilizante está compuesta en realidad por varias capas, según las diferentes propuestas de los diferentes fabricantes. Personalmente siempre utilizo la misma tela impermeabilizante-anti-raíces: la Polytaber Garden, de Asfaltos Chova. Sin duda la mejor calidad/precio de entre todas las existentes. Sobre la capa impermeabilizante se debe colocar una capa de protección muy liviana. Esta capa sirve para proteger la capa impermeabilizante frente a pisadas, caídas de herramientas, etc. En el proceso de construcción. Una capa de un cm. de hormigón aligerado suele ser suficiente. Sobre esta capa se debe disponer una capa de drenaje, para garantizar el correcto drenaje del agua de lluvia por debajo de la capa de tierra.

This drainage layer can be made from various materials but usually a geotextile fleece, made from ecological plant bases materials. Next, the soil layer, which must be able to adapt to every environment on earth; usually a combination between sand, a clay-like soil and mud, and vegetation substrate (residues from all types of vegetation, usually from chopped tree trunks). Finally, the vegetation. The layer of vegetation is similar to a ventilated façade on a roof. That is to say the building envelope can be assimilated to a single skin wall with a ventilated façade. The vegetation is assimilated to the outer skin and the spaces beneath the vegetation serve as ventilation. In this respect, in the same way as ventilated facades, the vegetation alone provides practically no improvement to the thermal performance of building envelopes in cold climates. By contrast, in summer and in warm climates, the vegetation provides shade, serves as a ventilated façade and assists the thermal insulation of both. Suitable plant species for green roofs must be carefully selected for each particular climatic environment. No single species can be specified as suitable on a universal basis and would clearly contradict the basic principles of green architecture. On the other hand, plants should always be watered, if necessary, by sprinkler systems with rainwater or recycled water from the building. Suitable plant species for green roofs must encompass the following properties:
- Indigenous species or adapted species in exceptional cases.
- Low water consumption.
- Durability and resistance.
- Wide, shallow roots.
- Little or no maintenance.
- Little or no need for fertilizers.
- Compatibility, resistance and parasitic symbiosis.
- Aromatic plant species are particularly desirable.
By way of example, a list of the most suitable species for different climatic zones in the Iberian Peninsular is featured as follows. Species I use in all my projects in the Iberian Peninsula, all my projects full stop, as it happens (all my projects feature green roofs) (List1).

Esta capa-drenaje puede estar hecha con materiales diferentes, pero habitualmente suele colocarse una manta geotéxtil, a base de materiales ecológicos de origen vegetal. Por último, debe colocarse la capa de tierra. La composición de la capa de tierra debe adaptarse a cada entorno del planeta Tierra, pero habitualmente debe ser una combinación entre arena, limos-arcillosos, y sustra-to vegetal (residuos vegetales de todo tipo, habitual-mente procedentes de las cortezas de los troncos de los árboles). Por último está la capa de vegetación. Esta capa de vegetación actúa a modo de fachada ventilada en una cubierta. Es decir, la envolvente resultante se puede asimilar a un muro de una sola hoja con fachada ventilada. La vegetación se asimila al recubrimiento exterior, y los espacios existentes bajo la vegetación actúan a modo de espacio ventila-do. En este sentido, al igual que ocurre en las facha-das ventiladas, la vegetación por sí misma no aporta prácticamente nada al comportamiento térmico de las envolventes arquitectónicas en climas fríos. En cambio, en verano y en climas cálidos, la vegetación actúa a modo de fachada ventilada y sombreada, y colabora en el aislamiento térmico del conjunto. Las especies vegetales que deben colocarse en las cu-biertas ajardinadas deben estar cuidadosamente elegidas para cada entorno climatológico concreto. No pueden indicarse nunca especies de uso genera-lizado ya que, ello iría en contra de los principios básicos de la arquitectura sostenible. Por otro lado, el riego, en el caso de ser necesario, debe ser realizado siempre por sistemas por goteo, y utilizan-do el agua de lluvia y reciclando las aguas grises generadas por el edificio. Las especies vegetales que se deben utilizar en cubiertas ajardinadas deben tener las siguientes características:
- Especies autóctonas, y excepcionalmente, especies adaptadas.
- Bajo consumo de agua.
- Durabilidad y resistencia.
- Raíces anchas y poco profundas.
- Baja, o ninguna, necesidad de mantenimiento.
- Baja, o nula, necesidad de fertilizantes.
- Compatibilidad, resistencia y simbiosis parasitaria.
- Son especialmente deseables las especies aromá-ticas. A modo de ejemplo, a continuación proporciono un listado de algunas de las especies vegetales más adecuadas para ser utilizadas en los diferentes entonos climáticos de la Península Ibéri-ca. Son las que utilizo en todos mis proyectos en la península ibérica (todos mis proyectos disponen de cubiertas ajardinadas). (tabla 1).

HELICHRYSUM STOECHAS	Planta con hojas de color gris claro. Especie extraordinariamente xérica. Con algunas variedades de esta especie se elabora el curry. Su hábitat se encuentra tanto en zonas litorales como interiores, preferentemente en suelos calcáreos y pobres.
KOELERIA GLAUCA	Planta gramínea de hojas azuladas. Su hábitat se centra en zonas costeras atlánticas, aunque se adapta perfectamente a zonas mediterráneas e interiores.
SATUREJA MONTANA	Planta aromática de hoja color verde oscuro, de porte tapizante. Tradicionalmente se ha utilizado en el envasado de aceitunas para potenciar su sabor. Su hábitat se ubica en zonas próximas a la costa hasta cotas 1.800 metros, preferentemente con poco suelo.
SEDUM ALBUM	Especie de porte totalmente tapizante, de hojas verdes en verano y rojizas en invierno, como pigmentación defensiva ante las bajas temperaturas. El hábitat de esta planta es muy extenso, ya que se extiende desde cota cero hasta cota 2.000; desde sistemas dunares, hasta canchales de alta montaña. Siempre en suelos pobres.
SEDUM SEDIFORME	Especie de porte tapizante con una altura ligeramente superior al Sedum Album. Su hoja es muy carnosa, de color verde grisáceo, con amplísima diversidad en cuanto a cotas. En algunas zonas de Castilla – La Mancha los pastores lo utilizaban como alimento.
SEDUM ACRE	Especie totalmente tapizante, con hojas de color verde claro con algún tono rojizo. Preferentemente habita en zonas bastante áridas.
GERANIUM SANGUINEUM	Variedad de geranio de porte semitapizante. Cuando florece ofrece un espectáculo precioso, debido a su bonita flor de color rosa.
DIANTHUS DELTOIDES	Aunque su hábitat es la alta montaña, se adapta perfectamente a otras zonas de la península ibérica. Es de porte totalmente tapizante, con una llamativa floración rojiza en verano. Follaje verde muy oscuro.
OTANTHUS MARITIMUS	Especie propia de sistemas dunares, para utilizar evidentemente en zonas de costa. Destaca ya que su follaje aterciopelado es totalmente blanco, siendo de porte tapizante.
Este listado debería completarse con las siguientes especies autóctonas del Mediterráneo Peninsular	
NERIUM OLEANDERS (Adelfa)	Especie aromática típica de los cauces del río, aguanta mucho la sequía y florece durante mucho tiempo. Cuando se camina entre adelfas sus hojas impregnan la ropa y la piel con un aroma muy agradable, que se mantiene en el tiempo.
LAURIS NOBILIS (Laurel):	Especie aromática naturalizada y relacionada con la cocina y también con la mitología.
LAVANDULA SP (Lavanda)	Especie aromática utilizada para atacar a las polillas. También se utiliza para fabricar inciensos y perfumes. Además tiene propiedades medicinales y ha sido utilizada para tratar el reuma y pulmones.
MYRTUS COMMUNIS (Mirto)	Especie aromática con propiedades balsámicas, astringentes y aromáticas. De forma alternativa habitualmente se utiliza como "tapiz para algunas procesiones religiosas.
CHAMAEROPS HUMILLIS (Palmito)	Única palmera autóctona de Europa (Las demás han sido introducidas por diferentes culturas a lo largo de la Historia). El tronco se come como manjar.
HEREDERA HELIX (Hiedra)	Planta trepadora con alto poder tapizante. Sus hojas machacadas sirven como cicatrizante. Crece en zonas umbrías sobre las rocas.
Por último, en las cubiertas ajardinadas con espesor suficiente de tierra, también podrían utilizarse árboles como por ejemplo los siguientes, de la Península Ibérica:	
QUERCUS ILEX (Encina)	Hoy en día, el fruto de este árbol se usa para el alimento de los animales, pero no hace mucho, se alimentaban muchos pueblos con productos derivados de su harina y tenía diferentes usos medicinales.
QUERCUS SUBER (Alcornoque)	Árbol de cuya corteza se obtiene el corcho. Un material que es muy bueno como aislante térmico y aislante acústico.
ARBUTUS HUNEDO (Madroño)	Única planta cuya valla (fruto) es originario del Mediterráneo, florece y da fruto al mismo tiempo. Este fermenta al madurar y provoca alcohol, por lo que, cuando se come uno se siente embriagado.

tabla 1

HELICHRYSUM STOECHAS	Plant with pale grey leaves: Species unique to arid zones. Certain varieties used in curry. Found in both coastal inland areas, preferably in chalky, poor soil.
KOELERIA GLAUCA	Grass type species with bluish leaves: Found in Atlantic coastal areas, perfectly adaptable to Mediterranean and inland areas.
SATUREJA MONTANA	Aromatic easily spreading plant with dark green leaves. Traditionally used to enhance the flavour of bottled olives. Coastal habitat up to 1,800 metre altitude, preferably with barely any soil.
SEDUM ALBUM	Rapidly spreading plant species, green leafed in summer and red in winter, protective pigmentation against low temperatures. The plant's habitat is extensive, from zero to 2,000 metres altitude, from sand dunes to mountain high plains. Always in poor soils.
SEDUM SEDIFORME	Rapidly spreading plant species, slightly taller than Sedum Album. Greyish green fleshy leaves, excellent altitude tolerance. Used by shepherds as foodstuff in some areas of Castilla – La Mancha.
SEDUM ACRE	Thick spreading species with pale green leaves with a slightly reddish shade. Typically grown in arid zones.
GERANIUM SANGUINEUM	Semi-spreading geranium variety. A spectacular sight in flower, with a beautiful pink coloured flower.
DIANTHUS DELTOIDES	Typically a high mountain species, but perfectly adaptable to other areas in the Iberian Peninsular. Thick spreading species with a striking reddish flower in summer. Extremely dark green foliage
OTANTHUS MARITIMUS	Typically a sand dune species clearly suited to coastal areas. An easily spreading species with striking completely white, velvety foliage.
The list is incomplete without the following species, indigenous to the Mediterranean Peninsular.	
NERIUM OLEANDERS (Oleander)	Aromatic species typical of river beds, highly resilient in droughts with an extended flowering period. By strolling through oleander, clothes and skin become impregnated by the leaves, leaving a pleasant, lasting scent.
LAURIS NOBILIS (Laurel):	Native aromatic species associated with cuisine and mythology.
LAVANDULA SP (Lavender)	Aromatic species used to stave off moths. Used in incense and perfume production along with medicinal properties, used in the past to treat rheumatism and pulmonary disorders.
MYRTUS COMMUNIS (Mirtle)	Aromatic species with balsamic, astringent and aromatic properties. Aside from the norm, habitually used to create "carpets for religious processions"
CHAMAEROPS HUMILLIS (Palmito)	The only palm tree indigenous to Europe (Other species have all been introduced by different cultures over the years). The trunk is said to be delicious.
HEREDERA HELIX (Ivy)	Rapidly spreading climbing plant. Crushed leaves are used as a healing substance. Grows between the rocks in north facing areas.
Finally, the roof garden with sufficient thickness of earth, trees could also be used such as the following, from the Iberian Peninsula:	
QUERCUS ILEX (Holm oak)	Today, the fruit of this tree is used for animal feed, but not long ago, many people ate with their flour products and had different medicinal uses.
QUERCUS SUBER (Cork)	Tree whose bark yields cork. A material that is very good thermal insulation and acoustic insulation.
ARBUTUS HUNEDO (Arbutus)	Only plant whose fence (fruit) is native to the Mediterranean, flowers and bears fruit at the same time. This leads to mature and ferment the alcohol, so that when you eat does feel drunk.

list 1

Lastly, I would just like to mention, if you intend to increase the thermal inertia of a green roofed building, the solution is to increase the weight of the roof drainage layer (for example, replace the lightweight concrete with regular concrete, and increase the thickness) and position the insulation on top of this layer. This will increase the size of the roof drainage layer and add to the structural support with a considerable increase in volume in exactly the right place, that is to say, beneath the insulation layer. On the other hand, if you wish to increase the thermal insulation generated by a green roof, the total thickness must be increased in the same way; and in warm climates, with appropriate plant species to create a continuous structure leaving a ventilated, shaded gap between the soil and the greenery.

Lastly, I would like to make a few brief comments on the so-called "Reservoir Roof" The existence of this type of roof is proof of the power of marketing, over and above the rational foundations of science. Even above common sense. The basic idea behind this type of roof consists of placing a reservoir of water on top of the roof structure, followed by a green roof on top of the reservoir. A roof such as this can be justified as a means of making the most of rainwater and increase the thermal and acoustic insulation of buildings, but as far as I'm concerned this appears to be a rather expensive and inefficient way to do so. Above the reservoir there must be an air chamber to ventilate the water and above the air chamber, a supporting structure for the soil layer. A reservoir roof therefore assimilates a ventilated facade, in which the outer layer (the part between the air chamber and the outside) is formed by the layer of soil and vegetation. As explained, this layer must therefore have the least volume possible since its only justification is to protect the insulation layer and provide the desired visual appearance for the building. What's more, if the outer layer is copious, it will add very little to the concept as a whole, hardly anything in the way insulation or thermal inertia, simply because it is outside the insulation.

Likewise, since the layer of soil on the reservoir roof is separated by the ventilated layer, neither can it provide the building with any thermal inertia and very little in the way of thermal insulation. Worst of all, in cold climates, there needs to be an insulation layer between the water and upper support (no other place), so even the water is unable to provide anything in the way of thermal inertia to the building structure. In other words, the envelope structure of a reservoir roof is absolutely pointless. These

Para finalizar, me gustaría comentar que, si se desea aumentar la inercia térmica de un edificio con cubierta ajardinada lo que se debe hacer es aumentar el peso de la capa de pendientes (por ejemplo sustituyendo el hormigón aligerado por un hormigón normal, y aumentando su espesor) y disponer la capa de aislamiento por encima de esta capa. De este modo la masa de la capa de pendientes se añade a la masa del forjado, y se aumenta considerablemente la masa total justo donde debe aumentarse, es decir, en la parte interior de la capa de aislamiento. Por otro lado, si se desea aumentar el aislamiento térmico que supone una cubierta ajardinada lo que se debe hacer es aumentar el espesor total de la misma, y en climas cálidos, disponer de especies vegetales que formen un entramado continuo, y dejen un espacio ventilado y sombreado, entre la vegetación y la tierra. Por último, me gustaría realizar unos breves comentarios sobre las así denominadas "cubiertas-aljibe". La existencia de este tipo de cubiertas es una prueba del poder del marketing, por encima de los fundamentos racionales y científicos. Incluso por encima del sentido común. La idea básica de este tipo de cubiertas consiste en disponer una balsa de agua encima del forjado de cubierta, y sobre esta balsa, colocar una cubierta ajardinada. Se suele justificar este tipo de cubiertas con el fin de aprovechar el agua de lluvia, y para aumentar el aislamiento térmico y el aislamiento acústico de los edificios. Pero el caso es que no se me ocurre una forma más cara e ineficaz de conseguirlo. Sobre la balsa de agua debe existir una capa de aire, que sirve de ventilación del agua. Sobre la capa de aire ventilada se dispone una estructura portante para aguantar la capa de tierra. Por tanto, una cubierta-aljibe se asimila a una fachada ventilada, en la que el recubrimiento exterior (la parte ubicada entre la cámara de aire y el exterior) está formado ahora por la capa de tierra y de vegetación. Pero, como ya se ha estudiado, esta capa exterior debe tener la menor masa posible, ya que su única justificación es proteger la capa de aislamiento y proporcionar el aspecto visual deseado para el edificio. Es más, si este capa exterior tuviera mucha masa no aportaría gran cosa al conjunto, ya que no aportaría apenas ni aislamiento, ni inercia térmica, por estar justamente al exterior del aislamiento. De un modo similar, la capa de tierra de una cubierta-aljibe tampoco puede aportar inercia térmica al edificio, al estar separada por la capa ventilada. Y apenas aporta aislamiento térmico por la misma razón. Y lo que es peor, en climas fríos hay que disponer de una capa de aislamiento entre el agua y el forjado superior (no se puede colocar en otro sitio), por lo que ni siquiera la capa de agua puede tener aporte alguno de inercia

reservoir roofs provide nothing more than a means of collecting rainwater. In this respect I should just point out, it's far more economical to collect rainwater from any roof on earth by drainpipes (existing) and pipe the water to an enclosed tank. In view of all this, in reality, reservoir roofs are an enormous economic waste, add nothing to a building's thermal performance (with barely any influence on reducing energy consumption), of no benefit to the environment and, in short, should be totally rejected.

VERTICAL GARDENS

The conceptual model of a vertical garden is equivalent to that of a ventilated facade. That is to say, the high thermal inertia skin should be on the inside and the insulation skin on the outside. The greenery must be set outside the insulation skin, separated by an air chamber. Therefore, the correct design for a vertical can only be achieved by sticking to the principal concepts of a ventilated façade. In other words, the vegetation sheath must carry the least weight possible and must be separated from the insulation layer by an air chamber. The weight of the greenery sheath must also be minimal to reduce water consumption and increase plant life. The ventilation layer is of vital importance to a vertical garden, not only to disperse the heat of the outer skin (in this case the vegetation) but also to prevent the water reaching the insulation layer. Vertical gardens provide no additional advantage over any ventilated façade, and suitable for summer seasons or very warm climates. In reality, the correct thermal performance of a façade with a vertical garden is down to the thermal inertia of the inner wall and the external insulation. Any additional advantages of vertical gardens are only in very specific cases such as dry climates, where, the plant life increases environmental humidity and slightly lowers the temperature in the local environs (vertical gardens in humid climates are likely to cause a problem). Vertical gardens are also a means of increasing oxygenation in surroundings, likewise human wellbeing.

térmica al conjunto arquitectónico. Es decir, la estructura envolvente de una cubierta-aljibe es una sinrazón absoluta. Por si fuera poco, estas cubiertas-aljibe se proponen como un medio de recoger el agua de lluvia. A este respecto me gustaría recordar que es muchísimo más económico recoger el agua de lluvia de cualquier tejado de cualquier edificio del planeta, por medio de bajantes (ya existentes) y llevando el agua hasta un depósito enterrado. Por todo lo expuesto, se deben rechazar por completo las cubiertas-aljibe, ya que en realidad son un despilfarro económico enorme, no mejoran de forma sustancial el comportamiento térmico del edificio (por lo que apenas disminuyen el consumo energético en el mismo) y no suponen una mejora medioambiental.

JARDINES VERTICALES

La estructura conceptual de un jardín vertical es la de una fachada ventilada. Es decir, se debe disponer el muro de alta inercia térmica al interior y la capa de aislante al exterior. Y al exterior de la capa aislante, separado por una cámara de aire ventilada, se debe ubicar la vegetación. Por tanto, para el correcto diseño de un jardín vertical hay que seguir los dictados conceptuales de una fachada ventilada. O lo que es lo mismo, la capa de vegetación debe tener el menor peso posible, y debe estar separada de la capa de aislamiento por medio de una capa ventilada de aire. No obstante, y como se muestra a continuación, la capa vegetal debe tener un mínimo peso con el fin de garantizar su supervivencia y disminuir el consumo de agua.
La capa de ventilación de un jardín vertical es de vital importancia, ya que, además de servir como medio de disipar el calor de la capa exterior (en este caso de la vegetación), es necesaria para evitar que el agua llegue a la capa de aislamiento. Los jardines verticales no tienen ninguna ventaja adicional con respecto a cualquier fachada ventilada, y como éstas, solo tienen justificación en verano, o en climas muy cálidos.
En realidad la responsabilidad del correcto comportamiento térmico de una fachada con jardín vegetal se centra en la inercia térmica del muro interior, y en el aislamiento exterior. Los jardines verticales solo tienen ventajas adicionales en casos muy concretos. Por un lado aumentan la humedad ambiental, por lo que en climas secos puede bajar ligeramente la temperatura de su entorno cercano (en climas húmedos los jardines verticales suponen un problema). Por otro lado, los jardines verticales son un modo de aumentar la oxigenación del entorno, y por tanto el bienestar humano.

In actual fact, vertical gardens have little to offer terms of environmental advantages in comparison with the high cost. In Europe, a vertical garden can cost anything between 300 and 500m², whilst a conventional ventilated facade costs between 50 and 150m² (without the inner wall). In other words suitable, purely on the grounds on political, symbolic and visual reasons. Suitable plant species for vertical gardens need to be rapid growing with plenty of foliage and reduced dimension but, more importantly, blend and comple-ment each other to create a special symbiotic effect. Naturally, the use of indigenous species is always recommended, as far as possible, species well adapted to a certain environment or easily adaptable species. In reality, compare to green roofs, on account of the structure vertical gardens are endan-gered through lack of nutrients and care. The use of adapted species is therefore unnecessary, what matters most is to create an ecological micro-system in which all species complement each other creating and independent symbiotic combination.

All species within the combination must join forces to confront plagues, disease, parasites, insects, predators...etc. in order to reduce maintenance as much as possible and likewise, the risk of deteriora-tion. Suitable plants for vertical gardens need to be as light as possible, therefore easily put in place, a reduction in structural support and finally, the equivalent reduction in economic cost. Also, since the greenery is equivalent to the outer skin in the conceptual model of a ventilated façade, the less weight, the better. There are ways to reduce the weight of greenery as much as possible, at the cost of enormous water and nutrient supplies and a total dependency on a watering system. The only solution is to evaluate and seek a balance between cost, weight, care and maintenance. The most suitable choice and combination for a vertical garden is a highly complex issue, requiring extensive botanical expertise and a good reason to seek the assistance of experts in this field of work.

Nevertheless, to give you something to peruse over, I can provide a summarized list of some of the species I regularly use in my vertical garden projects in the Iberian Peninsula. A conceptual classification of all the different vertical garden systems, evaluating the advantages and disadvantages of each one is as follows (list 2)

Por tanto, los jardines verticales suponen muy pocas ventajas medioambientales, en comparación con su elevadísimo precio. Un jardín vertical puede costar en Europa entre 300 y 500 euros/m², mientras que una fachada ventilada convencional cuesta entre 50 y 150 euros/m² (sin incluir el muro interior). Por lo que su uso solo está justificado por razones políticas, simbólicas y visuales. Las espe-cies vegetales que se deben utilizar en los jardines verticales deben tener un crecimiento rápido, reducidas dimensiones, un elevado nivel tapizante, y sobre todo deben combinarse entre si de un modo simbiótico y complementario. Por supuesto, y en la medida que se pueda, es altamente recomendable la utilización de especies autóctonas, especies adaptadas a un cierto entorno, o especies con alta capacidad de adaptación. En realidad los jardines verticales, por su propia estructura, y al contrario de lo que ocurre en las cubiertas ajardinadas, tienen una elevada necesidad de riego, de nutrientes y de cuidados, por lo que no es imprescindible utilizar especies adaptadas, ya que lo más importante es crear un microsistema ecológico, en el que cada especie complemente a las demás, creando un conjunto simbiótico independiente.

En este conjunto cada especie debe colaborar con las demás enfrentándose a plagas, enfermedades, parásitos, insectos, depredadores, etc,.... Con el fin de que se reduzca al máximo la posibilidad de deterioro, así como el mantenimiento necesario del conjunto. La vegetación de los jardines verticales debe tener el menor peso posible para facilitar su colocación, para disminuir la estructura portante necesaria, y con el fin de reducir al máximo el coste económico. Por otro lado, la vegetación se identifica con la capa exterior del modelo conceptual de fachada ventilada, por lo que cuanto menos peso tenga, mejor. Existen sistemas que reducen al máximo el peso de la vegetación, sin embargo estos sistemas implican una enorme necesidad de agua y nutrientes, y una dependencia absoluta al sistema de riego. Por tanto, debe buscarse un equilibro entre precio, peso y necesidad de cuidados y mantenimiento. La elección y combinación de las especies vegetales más adecuadas para un jardín vertical es un tema my complejo, que requiere unos elevados conocimientos de botánica. Por ello es conveniente contar con la colaboración de expertos. No obstante, y con el fin de invitar a su estudio, puedo proporcionar un listado resumido de algunas de las especies que suelo utilizar en mis proyectos de jardines verticales en la Península Ibérica. A continuación se muestra una clasificación conceptual de los diferentes sistemas de jardines verticales, y se estudian las ventajas e inconvenientes de cada uno (tabla 2)

Berberis hybrido
Bergenia cordifolia
Bergenia cordifolia "Rotblum"
Campanula portenschlagiana
Carex hachijoensis "Evergold"
Chamaecyparis pisifera
Choisya Azteca
Cyrtomium falcatum
Delosperma cooperi
Eleagnus ebbingei
Euonymus fortunei
Euphorbia characias"Wulfemi"
Fuchsia magellanica "Versicolor"
Geranium cantabrigense "Biokovo"

Geranium cantabrigense "Karmina"
Geranium macrorrizhum
Helleborus orientalis
Hemiboea
Heuchera brizoides
Hypericum dummeri
Hypericum kalmianun
Iris japonica
Jasminum nudiflorum
Juniperus hurizontalis
Juniperus media Pfizer aurea
Juniperus squamanta
Lonicera pileata
Mahonia media Charity

Photinia fraseri
Pilea petiolaris
Pilea scripta
Pilosella aurantiaca
Polystichum polyblepharum
Polystichum setiferum "Plumosum"
Prunus laurocerasus
Rubus ichangensis
Saxifraga stolonifera
Saxifraga x urbium
Sedum spectabile "Brillant"
Senecio Sunshine
Soleirolia soleirolli

list 2 *Tabla 2*

1. Hydroponic vertical garden

The oldest, simplest and most deficient system. The structure is as follows: A framework of vertical and horizontal (perforated) slats is fixed to wall to serve three purposes: Create a perfectly vertical surface, to carry the vertical garden, create the ventilation chamber and position the insulation. Next, a rectangular polyethylene panel is stapled to the slats (never use PVC for the panel, the production method has a severe impact on both environment and health). The purpose of the panel is to support a reinforced felt sheet, designed to take the weight of the plants.The reinforced felt sheet is highly resistant and able to support around 20-30 plants/m^2. Comprised of three layers, two felt and a raffia layer between, the felt sheet is them stapled to the polyethylene panel. Once stapled in place, a group of horizontal slits are made in the reinforced felt sheet at the points where the plants need to be attached for the vertical garden. The slits must be small in order to firmly attach the plants, initially very small. This vertical garden system produces asymmetrical verticals with highly inconsistent forms and volume. The structure of this type of garden is unable to produce uniform, tapestry type, vertical gardens as it can only support a relatively low density of plants. As a result, in order to compact the garden and ensure no areas are left without vegetation, the plants have to be considerable size. This vertical garden model requires a copious watering system, generally based on a horizontal tubular curtain irrigation system.

1. Jardín vertical hidropónico

Es el sistema más antiguo, el más sencillo y el más deficiente. Su estructura es la siguiente: Sobre el muro se instala un sistema de rastreles verticales (y alguno horizontal perforado) con la triple finalidad de: Conseguir una superficie perfectamente vertical, aguantar la vegetación del jardín vertical, y conformar la cámara ventilada y disponer el aislamiento. Sobre este sistema de rastreles se grapa un panel de polietileno reticular (nunca poner PVC, porque su fabricación supone un enorme impacto medioambiental y salubre). Este panel tiene la finalidad de aguantar una tela de fieltro armado, que será la que aguante el peso de las plantas. En general, con este sistema, se puede colocar una media de 20-30 plantas/m^2. La capa de fieltro armado es muy resistente, ya que consta de tres capas, dos capas de fieltro y una interior de rafia, y se debe grapar sobre el panel de polietileno. Una vez grapada se practica a la tela de fieltro armado un conjunto de rasgaduras horizontales, con la finalidad de sujetar las plantas que se desean colocar en el jardín vertical. Las rasgaduras deben ser muy pequeñas, para que puedan sujetar con robustez las plantas que, inicialmente, deben tener un tamaño muy pequeño. Este sistema de jardín vertical genera jardines verticales irregulares, con grandes cambios de forma y volumen. Debido a su sistema de construcción este tipo de jardines no permite realizar jardines uniformes, tipo tapiz, ya que la densidad de plantas que se puede colocar es relativamente baja. Por ello, y con la finalidad de compactar el jardín y que no se vean zonas sin vegetación, las plantas deben tener un tamaño considerable. Este modelo de jardín vertical necesita un sistema de riego abundante, generalmente a base de un sistema tubular horizontal de riego por cortina.

The irrigation tubes are perforated polypropylene (10 cm diameter) and must be positioned with a maximum height of 4 metres apart. This is the only suitable method to guarantee the reinforced felt is permanently soaked and able to supply the plant roots with sufficient water and nutrients.

This vertical garden concept is totally hydroponic, that is to say, without any earth or plant substratum (in order to reduce the weight as much as possible), and therefore requires constant and continuous irrigation and nutrients (an excessive amount of nutrients are added to the water, effectively the only means of feeding the plants). The enriched water sinks down, due to gravity, soaks the felt and roots, whereupon the water is collected, at the base of the garden, by means of a conventional system.

The only apparent advantages of this system are the following:
- Reduced weight compared to other systems requiring only a simple support system.
- The easiest and most economical system to install.
Numerous disadvantages include the following:
- The running cost of the system is arbitrary elevated (average price in Europa around 500euros/m²)
- An enormous consumption of water and nutrients since the water is unable to retain these products.
- Requires permanent and continuous care and maintenance.
-Expensive maintenance costs (In Europe, an average of 4 euros/m² a year).
- The system is absolutely dependent on irrigation. It only takes a day without for many plants to die.
- Requires a complex irrigation and filtration system.
- The system wastes water and requires a water collection and reuse system at the base.
- Many plants dry out and have to be replaced (an average of 15% per year).

2. Vertical Garden with light substrate ("waffle" tray system)

In the construction of a vertical garden it's essential to seek a balance between a low weight and the supply of water and nutrients. A low weight is important since a high weight would no nothing to improve the performance of the building envelope. Not forgetting the vegetation must be conceptually assimilated with the outer skin on the ventilated façade, on top of the insulation and ventilated chamber. The low weight is also important to reduce the base for the structure itself. Reducing the weight to a minimum however will eliminate the substrate from the plants (as in the hydroponic system) with

---

Estos tubos de riego son de polipropileno perforado (con 10 cm. de diámetro) y deben colocarse como máximo separados cada 4 metros en altura. Solo de este modo se puede asegurar que el fieltro armado este continuamente empapado, con la finalidad de suministrar agua y nutrientes a las raíces de las plantas. Este sistema de jardín vertical es absolutamente hidropónico, es decir, no dispone de tierra, ni sustrato vegetal (con el fin de reducir al máximo el peso del jardín), y por tanto tiene necesidad continua y constante de riego y de nutrientes (al agua de riego se debe añadir una gran cantidad de nutrientes, ya que es el único medio de alimentar a las plantas). El agua enriquecida cae por gravedad empapando el fieltro y las raíces, y se recoge en la parte inferior del jardín, mediante un sistema convencional de recogida de aguas. Entre las ventajas de este sistema solo se encuentran las siguientes:
- Es el sistema de menor peso, y por tanto, permiten un sistema de sujeción sencillo.
- Es el sistema más sencillo y económico de instalar.
Entre los inconvenientes están los siguientes:
- Tienen un precio arbitrario y muy elevado (en Europa el precio medio es de unos 500 euros/m²).
- Consumen una enorme cantidad de agua y de nutrientes, porque el fieltro no los puede retener.
- Necesitan mucho mantenimiento y muchos cuidados, de forma permanente y continua.
- Su mantenimiento es caro (en Europa el mantenimiento medio es de unos 4 euros/m² al año).
- El sistema es absolutamente sensible a los fallos de riego. Con un día sin riego mueren muchas plantas.
- Necesitan un sistema complejo de riego y de filtrado.
- El sistema es derrochador de agua, y necesita un sistema de recogida inferior y reutilización de agua .
- Es necesario reponer gran cantidad de plantas porque se secan (una media de 15% de plantas al año).

2. Jardín vertical con sustrato ligero ("Sistema de bandejas-gofre")

En la construcción de un jardín vertical debe buscarse un equilibrio entre bajo peso e independencia al suministro de agua y nutrientes. Por un lado deben tener bajo peso ya que, un elevado peso no mejoraría el comportamiento de la envolvente arquitectónica. Recuérdese que la vegetación debe asimilarse conceptualmente al recubrimiento de una fachada ventilada, colocada por encima de la cámara ventilada y el aislamiento. Además, debe tener bajo peso para disminuir la infraestructura necesaria para construirse. Pero, si intentando bajar al máximo el peso, se elimina el sustrato de las plantas (como

the resulting high dependency on irrigation, effectively converting the vertical garden into a complete aberration of the whole purpose and a negative impact on the environment. There is a specific need therefore, to designed the most rational and sustainable systems possible. First of all, the systems must be capable of supporting a fixed quantity of substrate, the purpose being to reduce dependency on irrigation to a minimum. Various solutions have been put forward for vertical gardens with substrate but all are based on the same concept, differing only as regards the structural specifications. The most common systems, old and obsolete, are based on perforated aluminium laminates and must be discarded purely on the grounds of incorporating this material. The structure of vertical gardens such as this is complex, develops a multitude of problems and on top of it all, costly. There are successful solutions however, one in particular with the most positive effect; based on "waffle" like trays, as a means of retaining the substrate.

ocurre en el sistema hidropónico) se tiene una enorme dependencia al suministro de riego, con lo que en realidad un jardín vertical se convierte en un aberración de laboratorio, con un impacto medioambiental negativo. Por tanto, deben diseñarse sistemas mucho más racionales y sostenibles. Y eso significa en primer lugar, que los sistemas deben ser capaces de aguantar una determinada cantidad de sustrato, con el fin de disminuir al mínimo su dependencia al riego. Se han propuesto diferentes soluciones para los jardines verticales con sustrato, pero todos tienen la misma base conceptual, y solo se diferencian entre si, en los detalles constructivos. Los sistemas más comunes, muy antiguos y obsoletos, están realizados a base de láminas perforadas de aluminio, que solo por estar realizados a base de este material deberían ser rechazados. La estructura de este tipo de jardines es compleja, genera multitud de fallos, y es muy cara. Sin embargo existen soluciones muy buenas. De entre todas las variantes, la mejor, con mucha diferencia, se basa en la utilización de bandejas con forma de "gofres", como medio de sujeción del sustrato.

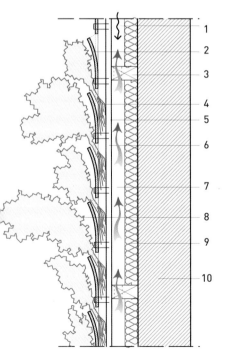

VERTICAL HYDROPONICS GARDEN
JARDÍN VERTICAL HIDROPÓNICO.

1. Water.
2. 3 layer felt canvas (2 felt + 1 raffia).
3. Batten.
4. Roots of vegetation.
5. Metal clip.
6. Reticular polyethylene layer of 2 cm.
7. Ventilated chamber.
8. Vegetation.
9. Exterior insulation.
10. Bearing wall.

1. *Agua.*
2. *Tela de fieltro de 3 capas (2 de fieltro + 1 de rafia).*
3. *Rastrel.*
4. *Raíces de la vegetación.*
5. *Grapa metálica.*
6. *Capa de polietileno reticular de 2 cm.*
7. *Cámara ventilada.*
8. *Vegetación.*
9. *Aislamiento exterior.*
10. *Muro portante.*

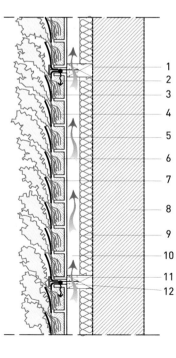

VERTICAL GARDEN WITH REMOVABLE LIGHT SUBSTRATE (TRAY)
JARDÍN VERTICAL CON SUSTRATO LIGERO DESMONTABLE (BANDEJAS)

1. Battens.
2. Water.
3. Vegetation.
4. Roots of vegetation.
5. rectangular polyethylene Waffle Tray.
6. Fill substrate.
7. Felt Canvas 1-layer assembly.
8. Bearing wall.
9. External insulation.
10. Ventilated chamber.
11. Fastening-waffle trays.
12. Drip irrigation system.

1. *Rastrel horizontal.*
2. *Agua.*
3. *Vegetación.*
4. *Raíces de la vegetación.*
5. *Bandeja-Gofre de polietileno rectangular.*
6. *Relleno de sustrato.*
7. *Tela de fieltro armado de 1 capa.*
8. *Muro portante.*
9. *Aislamiento externo.*
10. *Cámara ventilada.*
11. *Sujeción bandejas-gofre.*
12. *Sistema de riego por goteo.*

The structure of vertical gardens such as this is as follows. Insulation and slats for the ventilated façade are laid over the internal skin of the wall. The substrate trays are attached to the slats, and the plants attached to the trays in turn. Made from reticulated polyethylene, the thickness of these "waffle" like trays varies between 5 and 15cm. The tray cells measure approximately 10 x 10cm and perforated with a multitude of orifices. Substrate is absorbed by the trays and the felt wrapped around the trays. Once enclosed, slits are made in the felt and the plants are inserted with the roots buried in the substrate. The single layer felt has to firmly attach itself to the tray to keep the existing substrate attached inside. On average, this system supports around 80 to 100plants/m^2. That is to say, a much higher density than hydroponic gardens. The plants must therefore be relatively small and uniform to the effect that a vertical garden resembling a lawn is even a possibility. A vertical lawn. This vertical wall model requires a dripping irrigation system, therefore guaranteeing low water consumption. Irrigation pipes are arranged between the vertical trays (80cm above each other), slowly and continuously soaking the substrate in the trays. The trays include internal perforations allowing the water to filer through to the inside cells and soak the soil inside. Water consumption is low, just enough to keep the substrate soaked, without the need to collect hardly any water at the foot of the vertical garden. In many cases with this system, there is little need for any waste water collection or reuse system (fundamental in a hydroponic vertical garden). Also, since the nutrients accumulate in the substrate, less are required in the water. One rather interesting feature is that waste water can be used in this vertical garden system. Waste water is incorporated within the irrigation system, the water dripping through gravitation, spreading across the substrate and vegetation trays, the water continuously purified throughout the process. The water collected at the foot of the garden is already partially purified naturally. In effect, this type of vertical garden can be used as an efficient means of recycling waste water.

La estructura de este tipo de jardines verticales es la siguiente. Sobre el muro interior se dispone el aislamiento y el sistema de rastreles que formará la fachada ventilada. Sobre los rastreles se sujetan las bandejas de sustrato, que a su vez, sujetan las plantas. Las bandejas son de polietileno reticular, tienen forma de "gofre", y tienen un espesor que oscila entre los 5 y los 15 cm. Las celdas de las bandejas tienen unas dimensiones aproximadas de 10 x10 cm. y están perforadas con multitud de pequeños orificios. Estas bandejas se rellenan con sustrato, y se envuelven con una tela de fieltro. Una vez envueltas se realiza un conjunto de cortes en el fieltro, y se introducen en ellos las plantas con sus raíces enterradas en el sustrato. El fieltro consta de una sola capa y debe graparse tersa y firmemente a las bandejas, con el fin de sujetar el sustrato existente en su interior. En general, con este sistema, se puede colocar una media de 80-100 plantas/m^2. Es decir, una densidad muy superior a los jardines hidropónicos. Por esta razón, las plantas pueden tener un tamaño muy reducido y uniforme, pudiéndose incluso conseguir jardines verticales con aspecto similar al césped. Un césped vertical. En este modelo de jardín vertical necesita un sistema de riego por goteo, lo que garantiza su bajo consumo de agua. Los tubos de riego se disponen entre las bandejas verticales (separados unos 80 cm. en altura) y van empapando, de forma lenta y continua, el sustrato de las bandejas. Las bandejas disponen de perforaciones internas de tal forma que el agua puede filtrarse a través de todas las celdillas interiores, y empapar la tierra de su interior. El consumo de agua es bajo, lo justo para mantener empapado el sustrato, y por tanto apenas se recoge agua en la base del jardín vertical. Por este motivo en muchos casos se puede eliminar el sistema de recogida y de reciclaje de agua (fundamental en un jardín vertical hidropónico). Del mismo modo, el agua necesita menos cantidad de nutrientes, ya que los nutrientes pueden acumularse en el sustrato. Una característica muy interesante de este sistema de jardín vertical es que se pueden utilizar aguas grises. Las aguas grises se introducen en el sistema de riego por goteo y bajan -por gravedad- atravesando las diferentes bandejas de sustrato y de vegetación, por lo que en su recorrido se va depurando de forma continua. De este modo, el agua que se recoge en la parte inferior del jardín queda parcialmente depurada de forma natural. Por todo ello, este tipo de jardín vertical se puede utilizar como un medio muy eficaz de reciclar las aguas grises.

Another significant advantage of this system is, the plants are initially set in the trays and the trays subsequently installed in the structure, the plants immediately in place in the vertical garden. As a result, the plants are better looked after, adapt more easily and grow faster. On a final note, I must mention that the estimated cost of this system in Europe is usually around 300 €/m², making this the most economical system currently available.

The advantages of this system include the following:
- Low consumption of water and nutrients.
- Waste water can be used directly in the irrigation system.
- Can be used as a form of recycling water
- Very little need for waste water collection and treatment systems at the base.
- Minimum maintenance.
- Maintenance can be highly economical.
- Resistant to irrigation problems (more weight more problems)
- The plants are set in the trays and the trays subsequently set in the vertical garden.
- Vertical gardens can be dismounted, repaired and transported.
- Moderately priced (average price in Europe around 300 euros/m²).
- Very few plants dry out and need replacing (less than 2% per year)

As a disadvantage the installation is time consuming and requires a highly skilled workforce.

There are two versions of this type of vertical garden:
- A removable light substrate system.
- A permanently fixed light substrate system.

The difference between the two systems lies in the option to remove the trays once installed. In the permanently fixed version, the trays are overlapping and can only be taken apart in an inverse order to which they were put together. In the dismountable version however, each tray can be removed and separated individually, as often as required making maintenance easy and extending the lifestyle of the system as a whole. As it happens I always use the dismountable light substrate system based on perforated reticulated polypropylene trays. All the components in the buildings I currently design are removable; vertical gardens and green roofs will be no exception.

Otra ventaja importante de este sistema es que las plantas se pueden colocar cómodamente en las bandejas, y posteriormente instalar las bandejas –con las plantas ya insertadas- en el jardín vertical. Esto permite un cuidado más efectivo de las plantas, y garantiza que las plantas se adapten y crezcan con mayor rapidez. Para finalizar, debo decir que este sistema se suele presupuestar en Europa por unos 300 €/m², que lo convierte en el sistema más económico de todos los existentes en la actualidad. Entre las ventajas de este sistema se encuentran las siguientes:
- Tienen poco consumo de agua y de nutrientes.
- Pueden utilizarse directamente aguas grises en el riego.
- Se pueden utilizar como una forma de reciclar las aguas grises.
- No suelen ser necesarios los sistemas inferiores de recogida de agua y reciclado.
- Tienen poca necesidad de mantenimiento.
- El mantenimiento puede ser muy económico.
- Son resistentes a los fallos .en el riego (tanto más cuanto más espesor tengan).
- Se pueden colocar las plantas en las bandejas, y luego colocar las bandejas en el jardín vertical.
- Los jardines verticales pueden desmontarse, repararse y transportarse.
- Tienen un precio moderado (en Europa el precio medio es de unos 300 euros/m²).
- No es necesario reponer muchas plantas por haberse secado (menos del 2% de plantas al año).

Como inconveniente, su instalación es lenta y necesita mano de obra muy cualificada.

Hay dos versiones en este sistema de jardín vertical:
- Sistema desmontable de sustrato ligero.
- Sistema no-desmontable de sustrato ligero.

La diferencia entre ambos sistemas radica en la posibilidad de desmontar las bandejas una vez colocadas. En la versión no desmontable las bandejas se van solapando entre sí, de modo que solo se pueden desmontar en orden inverso a como se han montado. En cambio en la versión desmontable se puede extraer cada bandeja, de forma independiente y separada, tantas veces como se desee. De este modo se facilita su reparación, y se alarga al máximo su ciclo de vida. Debo decir que en mis proyectos siempre utilizo el sistema de sustrato ligero desmontable, a base de bandejas de polietileno reticular perforado. Todos las componentes de los edificios que proyecto en la actualidad son desmontables, por lo que los jardines verticales (y las cubiertas ajardinadas) no iban a ser una excepción.

3. Vertical garden with heavy substrate (Gabion System)

As mentioned vertical gardens must be as lightweight as possible, but at the same time, require sufficient substrate to survive without irrigation if need be. Nevertheless, in certain circumstances it might be necessary to increase the substrate and therefore the weight of the vertical garden. As a result, vertical gardens such as these require a special anchoring system and in some cases even self-standing. As such, two different models for this type of vertical garden can be identified as:
- Heavy substrate hanging vertical garden
- Heavy substrate self-standing vertical garden.
The basic structure is the same in both models, based on gabions. The only radical difference in the structural system is down to the difference in weight. The average thickness of a hanging vertical garden is around 15cm, therefore with a moderate weight. The thickness of a self-standing vertical garden on the other hand is understood to be between 30 and 40cm, therefore with a heavy weight. From a sustainable point of view both variants are identical. As mentioned repeatedly, increased weight in a vertical garden is of absolutely no advantage to a building's thermal performance or inertia. Since the bulk is always outside the insulation and separated by a ventilated chamber, an increase in thickness and weight in this type of garden is totally unjustifiable. As far as it goes and being generous, this type of vertical garden could be justified purely under the following circumstances:
- The need for increased acoustic insulation.
- The need for additional resistance to irrigation failure.
- To use the vertical garden as an efficient means of recycling waste water.
Once a decision is made to construct an isolated vertical garden (self-supporting), it immediately becomes a pleasant justification, in other words far more economical to construct than other methods. But the garden itself provides imparts a natural attraction and beauty. The basic structure for this type of garden are the gabions, cage like structures, made from rigid electro welded metallic mesh. The metallic framework for the cages must be extremely strong and rust-proof since they will not only be exposed to the water but also the nutrients, at times, highly corrosive nutrients.

3. Jardín vertical con sustrato pesado ("Sistema de Gaviones")

Como se ha dicho, los jardines verticales deben tener el menor peso posible, pero a su vez, deben disponer de una cantidad suficiente de sustrato, que permita su supervivencia en ausencia eventual de riego. No obstante, en algunos casos puntuales -y muy especiales- podría ser necesario aumentar el volumen del sustrato y por tanto el peso del jardín vertical. Este tipo de jardines necesitan, por tanto, un sistema de anclaje especial, y en algunos casos, estos jardines incluso pueden mantenerse en pié por sí mismos. En este sentido se pueden identificar dos variantes diferentes para este tipo de jardín vertical:
- *Jardín vertical colgante de sustrato pesado.*
- *Jardín vertical autoportante de sustrato pesado.*
La estructura básica, a base de gaviones, es la misma en ambas modalidades. La única diferencia radica en el sistema estructural necesario debido a la diferencia de peso que suponen. Los jardines verticales colgantes tienen un espesor medio de unos 15 cm., y por tanto un peso moderado. En cambio, los jardines verticales auto portantes tienen un espesor comprendido entre 30-40 cm, y por tanto un peso muy elevado. Desde un punto de vista sostenible ambas variantes son idénticas. Como se ha dicho de forma reiterada, un mayor peso no supone ventaja alguna en el comportamiento térmico e inercial del edificio cubierto por el jardín vertical. Esto se debe a que su masa siempre está ubicada al exterior del aislamiento, y separada por una cámara ventilada. El elevado peso y grosor de este tipo de jardines no está justificado de modo alguno. Como mucho, y siendo generosos, este tipo de jardín vertical podría estar justificado en los siguientes casos:
- *Necesidad de un elevado aislamiento acústico.*
- *Necesidad de una elevada resistencia a los fallos de riego.*
- *Utilización del jardín vertical como un efectivo sistema de reciclaje de aguas grises.*
- *Cuando se desee construir un jardín vertical aislado (la modalidad autoportante).*
Desde luego es una justificación amable, ya que estas cualidades pueden conseguirse de forma mucho más económica por otros medios. Pero el jardín aporta belleza y atractivo natural. La estructura básica de este tipo de jardines son los gaviones, unas jaulas realizadas a base de malla metálica electro soldada rígida. La armadura metálica de los gaviones debe ser muy resistente, y debe ser inoxidable, ya que estará expuesta no solo al agua, sino también a los nutrientes, que pueden ser corrosivos.

Whilst the cages come in a variety of sizes, weight increases in proportion to size and therefore difficult to handle. Ideally, the height should be between 60 and 80cm and the breadth between 15 and 40cm. A felt sack (single skin) is inserted inside each gabion and filled with substrate. Once filled the gabion must be firmly closed and hung on the wall, halfway between the slats. The wall must therefore be able to support the gabions, which must be arranged slightly apart, in order to be removed and hung. In some cases however, when the wall's strength is insufficient or when the gabions are too wide and heavy, the wall serves only to prevent the gabions falling. In such cases, the gabions are place one above the other and each one must support the weight of the one above. Lastly, and only in the case of gardens with a relatively low height, the gabions can be positioned one above the other, without the need for a supporting wall. Once the gabions are hanging or positioned one above the other, slits are made in the felt sacks between the grids in the gabions and the plants set in place. This system generally supports an average of between 30 and 50 plants/m^2, of different sizes, creating irregular vertical gardens, with a high variety of shapes and sizes. Due to relatively low volume of plants supported by this construction system, this type of vertical garden is totally unsuitable for uniform gardens. Also, in an attempt to create a dense and compact garden, leaving no areas uncovered, the plants need to be a considerable size. The horizontal dripping irrigation system is laid between the gabions, allowing the water to filter through and continuously soak the substrate sacks.

This system therefore required less irrigation and a greater capacity to recycle waste water.

The advantages of this system include the following:
- Low consumption of water and nutrients.
- Waste water can be used directly for irrigation.
- An efficient system for recycling waste water.
- Very little need for waste water collection and treatment systems at the base.
- Minimum maintenance
- Maintenance can be highly economical (barely 1 to 2 euros/m^2 per year in Europe).
 - Resistant to irrigation problems (more weight more problems).
- Very few plants dry out and need replacing (less than 2% per year).
Disadvantages include:
- Relatively costly (average price in Europe around 350 euros/m^2).

Estas jaulas tienen dimensiones variables, aunque no deben ser muy grandes ya que pesarían mucho, y su manipulación sería muy complicada.
Habitualmente suelen tener una altura comprendida entre 60 y 80 cm., y un espesor comprendido entre 15 y 40 cm. En el interior de cada gavión se introduce un saco de fieltro (de una sola capa) y se rellena de sustrato. Una vez relleno, se cierra fuertemente y se cuelga en el muro, por medio de una estructura de rastreles. El muro debe soportar por tanto el peso de los gaviones, que deben estar ligeramente separados unos de otros, con el fin de que puedan ser colgados y descolgados. No obstante, en algunas ocasiones, cuando el muro no es suficientemente resistente, o cuando los gaviones son muy anchos y pesados, el muro solo sirve para evitar que los gaviones se desplomen. En estos casos los gaviones se colocan uno sobre otro, y cada uno debe soportar el peso de los que tiene encima. Por último, y solo en jardines de altura reducida, los gaviones se pueden colocar unos sobre otros, sin necesidad de un muro de apoyo. Una vez que los gaviones están colgados, o colocados unos sobre otros, se rasgan los sacos de fieltro entre las rejillas de los gaviones, y se introducen las plantas. En general, con este sistema, se puede colocar una media de 30-50 plantas/m^2 de diferentes tamaños, lo que permite jardines verticales irregulares, con grandes cambios de forma y de volumen. Debido a su sistema de construcción este tipo de jardines no permite realizar jardines uniformes, ya que la densidad de plantas que se puede colocar es relativamente baja. Además, con el fin de crear un jardín denso y compacto, y que no se vean zonas sin vegetación, las plantas deben tener un tamaño considerable. El sistema de riego por goteo se dispone de forma horizontal entre los gaviones, de tal forma que el agua se filtra a través de los sacos de sustrato, y lo mantiene empapado de forma continua. Por tanto, este sistema tiene menos necesidad de riego, y tiene una mayor capacidad de reciclar aguas grises. Entre las ventajas de este sistema se encuentran las siguientes:
- Tienen poco consumo de agua y de nutrientes.
- Pueden utilizarse directamente aguas grises en el riego.
- Se pueden utilizar como una forma eficaz de reciclar las aguas grises.
- No suelen ser necesarios los sistemas inferiores de recogida de agua y reciclado.
- Tienen poca necesidad de mantenimiento.
- El mantenimiento puede ser muy económico (en Europa apenas entre 1 y 2 euros/m^2 y por año).

- Requires a strong structure to take the weight of the heavy gabions on the wall.
- Installation is time consuming and requires a highly skilled workforce.

- Son resistentes a los fallos en el riego (tanto más cuanto más espesor tengan).
- No es necesario reponer muchas plantas por haberse secado (menos del 2% de plantas al año). Los inconvenientes son:
- Tienen un precio elevado (en Europa el precio medio es de unos 350 euros/m².).
- Se necesita una fuerte estructura para colgar los pesados gaviones en el muro.
- Su instalación es lenta y necesita mano de obra muy cualificada.

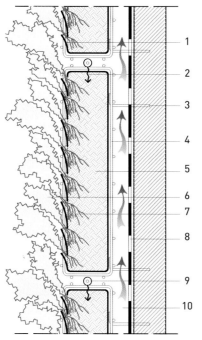

VERTICAL GARDEN WITH HEAVY HANGING SUBSTRATE (GABIONS)
JARDÍN VERTICAL COLGADO CON SUSTRATO PESADO (GAVIONES)

1. Sack of cloth of felt with substrate filled..
2. Water.
3. Armor fixing the wall.
4. Box welded galvanized steel mesh.
5. Substrate.
6. Vegetation.
7. Roots of vegetation.
8. Waterproofing membrane.
9. Drip irrigation system.
10. Ventilated chamber.

1. Saco a base de tela de fieltro y relleno de sustrato.
2. Agua.
3. Armaduras de fijación al muro.
4. Caja de malla de acero electrosoldada galvanizada.
5. Sustrato.
6. Vegetación.
7. Raíces de la vegetación.
8. Membrana impermeabili-zante.
9. Sistema de riego por goteo.
10. Cámara ventilada.

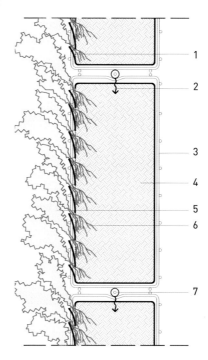

SELF VERTICAL GARDEN WITH HEAVY SUBSTRATE (GABIONS)
JARDÍN VERTICAL AUTOPORTANTE CON SUSTRATO PESADO (GAVIONES)

1. One layer torn sackwith substrate filled.
2. Water.
3. Box welded galvanized steel mesh.
4. Substrate.
5. Vegetation.
6. Roots of vegetation.
7. Drip irrigation system.

1. Saco rasgado de una sola capa relleno de sustrato.
2. Agua.
3. Caja de malla de acero electrosoldada galvanizada.
4. Sustrato.
5. Vegetación.
6. Raíces de la vegetación.
7. Sistema de riego por goteo.

4. Vertical curtain wall garden ("Green Curtain Wall") small change.

Vertical gardens are propagating in today's society in which "sustainability" (whether true or false) is looked upon as nothing more than small change. Vertical gardens, as we know, have practically nothing to offer in terms of a building's environmental performance, even an environmentally negative affect in some cases. Nevertheless, those in the street see plants and believe what they see before them is "ecological", "sustainable" or environmentally friendly, probably the most commonly used words in today's society, words which actually stand for nothing. Since the ever increasing use of Vertical gardens is highly predictable we can assume the construction system will also develop at the same rate. Naturally, the prices will be falling, at least 50%. The whole concept is not only irrational but a waste of money; the cost of vertical garden in Europe amounts to 200 euros/m^2, not to mention the 12 euros/m^2 per year for maintenance. Replacing more than 1% of the plant species within the garden (the average replacement level in such a garden) is illogical. Taking a look at the evolutionary process of vertical gardens until now gives us some idea of the anticipated progress. This system is currently being tried, tested and patented in Spain. The first European project to use the system is Beardon EcoHouse (Torrelodones, Madrid), due to be completed in March 2012. The installations for the prototype is an estimated 230 euros/m^2, effectively by far the most economical of all those currently on he market. The system is referred to as the "Vertical garden curtain wall", or better still, "Green Curtain Wall". The conceptual base is quite simple: to assimilate a vertical garden in a curtain wall. Quite simply, the profiles of a curtain wall will correspond to the support system of a vertical garden, and glass panes in a curtain wall will correspond to the substrate trays of a vertical garden. To simplify and reduce the cost of the system, the irrigation is supplied directly from the profiles. Of course, I imagine a multitude of patents based on the same idea will be around in the future and the difference between them will more than likely be negligible. In fact, the conceptual base of a "Green curtain wall" will remain the same.

4. Jardín vertical en muro-cortina ("Muro-cortina vegetal")

Los jardines verticales están proliferando en la actualidad, en una sociedad en la que la "sostenibilidad" (sea falsa o sea verdadera) se ha convertido en moneda de cambio. Como se ha mostrado, los jardines verticales no aportan prácticamente nada al comportamiento medioambiental de un edificio, y en algunos casos pueden suponer un impacto medioambiental negativo. Sin embargo, el ciudadano de a pie ve plantas, y por tanto supone que eso que ve es "ecológico", o "sostenible", o "respetuoso con el medio ambiente", quizás las palabras más utilizadas en la actualidad, y que ya no significan absolutamente nada. Es por tanto muy previsible pensar que los jardines verticales van a ser utilizados cada vez más, y que su sistema constructivo va a evolucionar con rapidez. Y por supuesto, los precios deben bajar, como mínimo un 50%. No es racional, y además es un despilfarro, pagar más de 200 euros/m^2 por un jardín vertical en Europa, ni pagar más de 1-2 euros/m^2/año por su mantenimiento. Tampoco es lógico tener que reponer más de un 1% las especies vegetales que contiene (la media de reposición de un jardín muy delicado). Examinando la evolución que han experimentado los jardines verticales, es posible vaticinar cual será su meta evolutiva. Y en la actualidad, en España, se está experimentando y patentando este sistema. El sistema será utilizado por primera vez en Europa, en Beardon Eco-House (Torrelodones, Madrid), cuya finalización está prevista para marzo del 2012. La instalación del prototipo se ha presupuestado por 230 euros/m^2, lo que lo convierte, con mucha diferencia, en el sistema más económico de todos los existentes. Este sistema se denomina "Jardín vertical en muro-cortina", o mejor, "Muro-cortina vegetal". La base conceptual de este tipo de jardín es muy sencilla: se trata de asimilar un jardín vertical a un muro cortina. De este modo, los perfiles de un muro cortina se corresponderían al sistema de sujeción de un jardín vertical, y los vidrios de un muro cortina se corresponderían a las bandejas de sustrato de un jardín vertical. Para simplificar el sistema, y abaratarlo, el riego se suministra directamente por medio de los perfiles. Por supuesto, imagino que en un futuro existirán multitud de patentes basadas en esta misma idea, y lo más probable es que entre ellas solo existan diferencias menores. Sin embargo, la base conceptual de un "Muro-cortina vegetal" siempre será la misma. Sobre el muro del edificio se disponen los montantes metálicos verticales.

Upright metallic mullions are set on the outside of the building and horizontal mullions fitted and attached. The upright mullions can be anything from 60 to 100 cm apart, depending on the weight of the plants. The horizontal mullions must be set around 60 to 80 cm apart. The upright profiles can be omega shaped with the dripping irrigation pipes laid along the inside. The horizontal profiles can be made from recycled aluminium, perforated, and used not only to retain the substrate but also to supply water. Horizontal profiles are able to pipe and supply the irrigation water without the need to install interior piping. Once the mesh is formed by the upright and horizontal mullions, the insulation is added, fixed or glued to the wall. "T" shaped rectangular polyethylene sheets are placed over the metallic profiles, leaving a ventilated air chamber between and that and the insulation. The flat substrate sacs are then positioned in the space between the metal profiles and the sheets. The sacs can and must be very thin, no more than 4 to 5cm. Finally, the substrate sacs are firmly attached by a rigid outer mesh and firmly screwed to the profiles, whereupon the slits are made in the sacs and the plants bedded in. This is the most advanced, simplest, most efficient and economical system currently in practice. With this system, greenery can be integrated in any part of a façade and applied as an additional architectural element. This is also the most environmentally friendly system of all. With the structural system for the "Green Curtin Wall", glass panes, greenery and any other material can be combined in a uniform fashion when it comes to conceiving a building envelope. This system usually supports an average 80 to 100 plants/m2, providing the plants are very small. The result is uniform and compact, even to the extent of an overall appearance resembling a lawn.
 - The advantages of this system include the following:
- Reduced consumption of water and nutrients.
- Waste water can be used directly in the irrigation system.
- An efficient means of recycling waste water.
-Waste water collection and recycling systems rarely needed at the base
-Requires little maintenance and possibly highly economical (around 1euro/m2/year).
- Resistant to irrigation failure.
 -Very few plants dry out and need replacing (less than 2% per year)
- Reasonably priced.

Ajustados y anclados a estos montantes verticales se disponen los montantes horizontales. La separación entre montantes verticales puede variar entre 60 y 100 cm, dependiendo del peso de las plantas. Y la separación entre perfiles horizontales debe estar alrededor de 60 – 80 cm. Los perfiles verticales pueden estar realizados a base de perfiles omega, y en su interior discurren los tubos de riego por goteo. Los perfiles horizontales pueden ser de aluminio reciclado, y están perforados ya que sirven no solo para sostener el sustrato, sino también para suministrarles de agua. Los perfiles horizontales no necesitan tubos en su interior, ya que ellos mismo canalizan y distribuyen el agua de riego. Una vez formada una retícula con los perfiles se dispone el aislamiento, directamente anclado o pegado al muro. Sobre los perfiles metálicos, en forma de "T", se disponen láminas rectangulares de polietileno rectangular, dejando una cámara ventilada entre ella y el aislamiento. En el volumen enmarcado entre los perfiles y las láminas se introducen los sacos planos de sustrato. Estos sacos pueden, y deben, ser muy delgados, apenas 4 o 5 cm. de espesor. Por último, los sacos de sustrato se sujetan firmemente con una malla rígida exterior, atornillada firmemente a los perfiles. Finalmente se hacen las rasgaduras en los sacos y se introducen las plantas. Este sistema es el más evolucionado, el más económico, el más sencillo, el más eficaz de todos los existentes. Y también es el mejor desde un punto de vista medioambiental. Por otro lado, el sistema permite integrar la vegetación en cualquier parte de una fachada, y ser utilizada como un elemento compositivo arquitectónico más. El sistema estructural de "Muro-cortina vegetal" permite combinar vidrios, vegetación, y cualquier tipo de material, de un modo homogéneo, a la hora de componer una envolvente arquitectónica. En general, con este sistema, se puede colocar una media de 80-100 plantas/m^2. Por esta razón, las plantas pueden ser de tamaño muy reducido, y los jardines resultantes pueden ser muy uniformes y compactos, pudiéndose incluso conseguir un aspecto similar al césped. Entre las ventajas de este sistema se encuentran las siguientes:
- Tienen poco consumo de agua y de nutrientes.
- Pueden utilizarse directamente aguas grises en el riego.
- Se pueden utilizar como una forma eficaz de reciclar las aguas grises.
- No suelen ser necesarios los sistemas inferiores de recogida de agua y reciclado.
- Tienen poca necesidad de mantenimiento que pue-

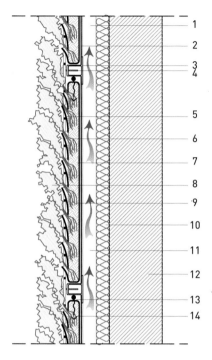

CURTAIN WALL VERTICAL GARDEN - VERTICAL SECTION
JARDÍN VERTICAL EN MURO CORTINA - SECCIÓN VERTICAL

1. Vertical upright omega profile.
2. Reticular panel of polyethylene 2.5 mm.
3. Aluminum horizontal crossbar.
4. Fastening screws of welded steel mesh exterior.
5. Felt bag ripped.
6. Electro-galvanized steel mesh.
7. Substrate.
8. Vegetation.
9. Roots of vegetation.
10. External insulation.
11. Air chamber.
12. Bearing wall.
13. Drip irrigation system.
14. Water.

1. Montante vertical de perfil omega.
2. Panel de polietileno reticular de 2,5 mm.
3. Travesaño horizontal de aluminio.
4. Tornillo de sujección de la malla exterior de acero electrosoldada.
5. Saco de fieltro rasgado.
6. Malla de acero electrosoldada galvanizada.
7. Sustrato.
8. Vegetación.
9. Raíces de la vegetación.
10. Aislamiento externo.
11. Cámara de aire.
12. Muro portante.
13. Sistema de riego por goteo.
14. Agua.

CURTAIN WALL VERTICAL GARDEN - HORIZONTAL SECTION
JARDÍN VERTICAL EN MURO CORTINA - SECCIÓN HORIZONTAL

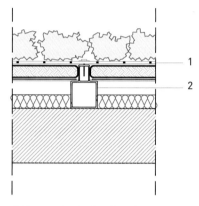

1. Electro-galvanized steel mesh.
2. Vertical aluminium upright.

1. Malla de acero electrosoldada galvanizada.
2. Montante vertical de aluminio.

- Simple support structure.
- Rapid installation process.
- Various materials such as, glass panes and greenery can be integrated into the same façade.

GREEN NETWORKS

Once it came to light that vegetation could be control and Used just like any other architectural element, an unprecedented world of creativity came into being. Greenery can literally be used anywhere; providing food and water supplies are on tap, one way or another. With this in mind, I have personally patented the overall concept and technical development of what I refer to as the "Green Network" A green network, as the name suggests, is a network in which the cables are substituted by greenery. This green network comes in any shape, form or size. The basic components of a green network are reticulated polyethylene cylinders,

de ser muy económico (alrededor de 1 euro/m²/año).
- Son resistentes a los fallos en el riego.
- No es necesario reponer muchas plantas por haberse secado (menos del 2% de plantas al año).
- Tienen un precio asequible.
- La estructura necesaria es muy sencilla.
- Su instalación es muy rápida.
- Permite que en una misma fachada se integren varios materiales, vidrios y vegetación.

REDES VEGETALES

Una vez que se ha asimilado que la vegetación puede ser controlada, y utilizada como cualquier otro elemento compositivo arquitectónico, se abre una puerta a la creatividad sin precedentes. La vegetación puede ser utilizada en cualquier lugar que se desee, siempre que se le suministre, de un modo u otro, riego suficiente y alimento. En este sentido he patentado el concepto, y el desarrollo técnico com-

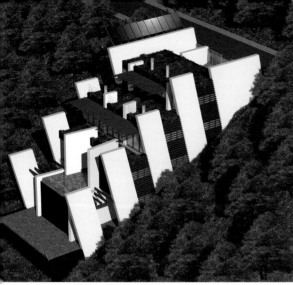

"Montagut" Eco-House. Sitges (Spain).
Casa ecológica "Montagut". Sitges (España).

"Rico" Eco-House. Alicante (Spain).
Casa ecológica "Rico". Alicante (España).

comprised perforated chambers. The cylinders are filled with substrate and a reinforced three layer felt material wrapped firmly round the cylinders. Slits are then made in the material and the plant species put in place. The cylinders, either flexible or rigid, are held in place and tautened by a steel cable extending from one side to the other. Likewise, the supply of water and nutrients also extends right across the cylinder. I have used these cylinders with absolute success in various projects, everything from solar protection, vertical jalousies in building constructions to solar protection projects in urban streets; even unique projects, such as the Moulin Rouge transformation "Vert Moulin Rouge".

An analysis of various projects, designed and completed by Luis De Garrido, is detailed as follows; demonstrating the correct use of greenery in architecture, in various types of building structures.

pleto, de lo que denomino como "Red Vegetal". Una red vegetal, como su nombre indica, es una red cuyos hilos están compuestos por vegetación. Esta red vegetal puede tener cualquier estructura, y adoptar cualquier forma y dimensiones. Los componentes básicos de una red vegetal son cilindros de polietileno reticular, compuestos por celdillas perforadas. Los cilindros se rellenan con sustrato y se recubren fuertemente por una tela de fieltro armado de tres capas. A continuación se rasga la tela y se insertan las especies vegetales. Los cilindros pueden ser rígidos o flexibles, y están sujetos y tensados mediante un cable de acero que los atraviesa de lado a lado. El suministro de agua y nutrientes atraviesa el cilindro de forma similar. He utilizado estos cilindros en varios proyectos, desde protecciones solares, hasta celosías verticales en edificios, pasando por protecciones solares en calles urbanas, con un éxito absoluto. Incluso he realizado proyectos singulares, como la ampliación del Moulin Rouge, el "Vert Mulin Rouge".

A continuación se analizan varios proyectos realizados por Luis De Garrido, que muestran la correcta utilización de la vegetación en arquitectura, en diferentes tipologías de edificios.

Vitrohouse is a habitat constructed entirely from glass sheets. Devoid of other materials: support structure, foundations, partitions, roofs, furniture, bathroom suites, etc. Exclusively glass construction. Of the many reasons and objectives for constructing a habitat entirely from glass sheets, the following are just a few:

-To create a building with the highest level of sustainability possible, constructed entirely from glass, the one and only building material. The exclusive use of glass guarantees low energy consumption in the construction (19 MJ/Kg.), absolutely no emissions, optimum use of materials and resources, at a low cost (1.050 euros/m², slightly lower than the average in Spain).The bioclimatic performance is achieved through an exclusive and optimum bioclimatic design.

- To create a habitat with self-sufficient water and energy supplies. Energy consumption is barely non-existent in the Vitrohouse and the little required is supplied by solar and geothermic energy, as in living organisms. The water supply comes from the ground and rain plus the house's recycled waste water.

Vitrohouse es una vivienda realizada completamente en vidrio plano. No existe ningún otro material: estructura portante, cimentación, tabiquería, cubiertas, mobiliario, sanitarios, etc. Todo está realizado en vidrio. Los objetivos y la justificación de la construcción de una vivienda utilizando solo vidrio plano, entre muchas otros, son los siguientes:

- Realizar un edificio con el máximo nivel sostenible posible, realizado íntegramente en vidrio, como único material constructivo. La utilización exclusiva de virio garantiza un bajo consumo energético en la construcción (19 Mjul./Kg.), la no existencia de emisiones, la optimización absoluta de los materiales y recursos, y un bajo precio (1.050 euros/m² en España es ligeramente inferior a la madia habitual). El comportamiento bioclimático se ha conseguido con un óptimo y exclusivo diseño bioclimático.

- Realizar una vivienda autosuficiente en energía, y autosuficiente en agua. El diseño de Vitrohouse permite que apenas consuma energía, y la poca que necesita la obtiene de forma geotérmica y solar, como lo hacen los organismos vivos. Por otro lado la vivienda obtiene el agua del suelo, de la lluvia, y reciclando sus propias aguas grises.

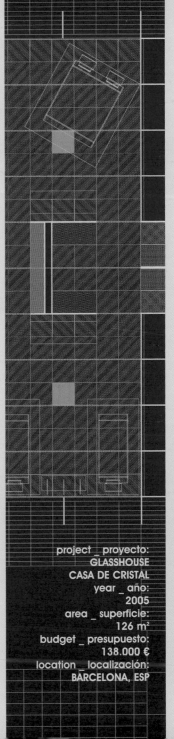

project _ proyecto:
GLASSHOUSE
CASA DE CRISTAL
year _ año:
2005
area _ superficie:
126 m²
budget _ presupuesto:
138.000 €
location _ localización:
BARCELONA, ESP

VITROHOUSE

ANAVIF

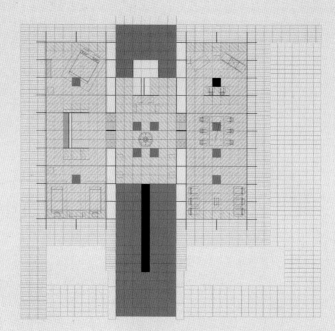

Ground floor plan.
Planta baja.

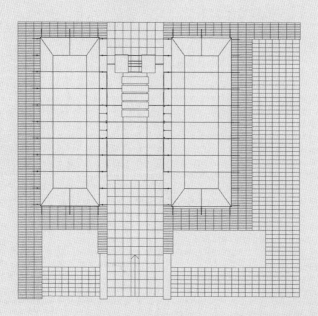

Roof floor plan.
Planta cubierta.

- Constructed exclusively in glass, highly efficient bioclimatic strategies and typologies have been designed for a thermally auto-regulated habitat, even in hot summer climates. The following examples are just some of the experimental strategies: triple glazed glass building envelopes; double glazed sheets with fine mesh screen printing, allowing the solar radiation to infiltrate the house in winter but not in summer; transparent insulation; under floor canalization air cooler; highly efficient chimneys; photovoltaic cells in the glass sheets; high thermal inertia green roofs; high insulation vertical gardens, etc...

- To promote new glass applications in architecture. Structural elements, foundations, decorative panels, bathroom suites, electrical appliances, furniture, insulation....

- *Definir y utilizar tipologías y estrategias bioclimáticas de alta eficiencia, de tal modo que permitan que una vivienda realizada exclusivamente en vidrio se autorregule térmicamente, incluso en verano en climas cálidos. Entre estas estrategias se han ensayado las siguientes: envolventes arquitectónicas de triple piel de vidrio; vidrios dobles con serigrafía de doble maya de puntos para permitir que la radiación solar entre en invierno en el interior de la vivienda, y no entre en verano; aislamientos transparentes; canalizaciones subterráneas para refrescar el aire; chimeneas solares de alta eficiencia; integración de células fotovoltaicas en los vidrios; cubiertas ajardinadas de alta inercia térmica; jardines verticales de alto aislamiento, etc...*

- *Fomentar nuevas aplicaciones del vidrio en la arquitectura. Elementos estructurales, elementos de cimentación, paneles decorativos, sanitarios, electrodomésticos, mobiliario, aislamiento....*

AVERAGE HUMIDITY LEVEL / *NIVEL HUMEDAD MEDIO*
WINTER / *INVIERNO*

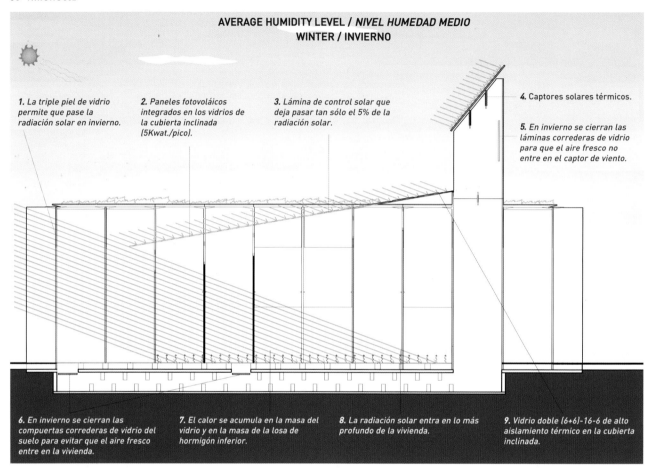

1. La triple piel de vidrio permite que pase la radiación solar en invierno.

2. Paneles fotovoláicos integrados en los vidrios de la cubierta inclinada (5Kwat./pico).

3. Lámina de control solar que deja pasar tan sólo el 5% de la radiación solar.

4. Captores solares térmicos.

5. En invierno se cierran las láminas correderas de vidrio para que el aire fresco no entre en el captor de viento.

6. En invierno se cierran las compuertas correderas de vidrio del suelo para evitar que el aire fresco entre en la vivienda.

7. El calor se acumula en la masa del vidrio y en la masa de la losa de hormigón inferior.

8. La radiación solar entra en lo más profundo de la vivienda.

9. Vidrio doble (6+6)-16-6 de alto aislamiento térmico en la cubierta inclinada.

1. In winter, solar radiation enters the house through the triple glazed glass sheets.
2. Photovoltaic panels built-in the glass sheets on the sloping roof (max 5kW).
3. Solar control sheet reduces solar radiation loss to 5%.
4. Thermal solar captors
5. Sliding glass sheets closed in winter to prevent cool air entering the wind captor.
6. Sliding glass floor vents closed off in winter to prevent cold air entering the house.
7. Heat accumulates in the glass and concrete floor inside the house
8. Solar radiation penetrates through to the bottom of the house.
9. Double glazed (6+6)166, high thermal insulation on the sloping roof.

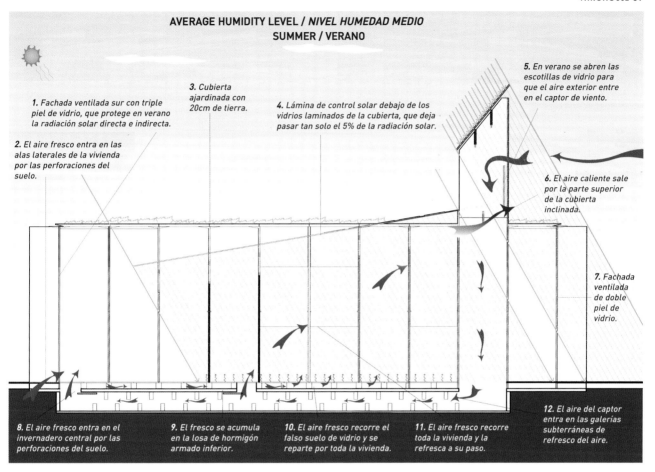

AVERAGE HUMIDITY LEVEL / *NIVEL HUMEDAD MEDIO*
SUMMER / VERANO

1. *Fachada ventilada sur con triple piel de vidrio, que protege en verano la radiación solar directa e indirecta.*

2. *El aire fresco entra en las alas laterales de la vivienda por las perforaciones del suelo.*

3. *Cubierta ajardinada con 20cm de tierra.*

4. *Lámina de control solar debajo de los vidrios laminados de la cubierta, que deja pasar tan solo el 5% de la radiación solar.*

5. *En verano se abren las escotillas de vidrio para que el aire exterior entre en el captor de viento.*

6. *El aire caliente sale por la parte superior de la cubierta inclinada.*

7. *Fachada ventilada de doble piel de vidrio.*

8. *El aire fresco entra en el invernadero central por las perforaciones del suelo.*

9. *El fresco se acumula en la losa de hormigón armado inferior.*

10. *El aire fresco recorre el falso suelo de vidrio y se reparte por toda la vivienda.*

11. *El aire fresco recorre toda la vivienda y la refresca a su paso.*

12. *El aire del captor entra en las galerías subterráneas de refresco del aire.*

1. Ventilated south facade with triple glazed glass sheets to protect against direct and indirect solar radiation.
2. Cool air enters the side wings of the house through the floor cavities.
3. Green roof with 20 centimetres of soil.
4. Solar control sheet beneath the laminated glass sheets on the roof allows only 5% solar radiation to pass through.
5. Glass skylights opened in summer allowing outside air to pass into the wind captor.
6. Hot air escapes through the top of the sloping roof.
7. Double glazed glass ventilated façade.
8. Cool air enters the central hothouse through the floor cavities.
9. Cool builds up in the reinforced concrete base.
10. Cool air circulates the false glass floor and disperses throughout the house.
11. Cool air circulates the entire building, cooling as it passes.
12. Air from the captor enters the underground cool air passages.

- To promote the prefabricated and industrial architectural project. Construct a complex project, using no more glass sheets than required and carry out a multitude of architectural investigations of all types. Quite possibly, there exists no other project quite as complex as constructing a building entirely of glass without either steelwork or adhesives. A total of 7,746 different pieces have been used in the construction, each one individually designed and jointly assembled, with absolute precision. With the biggest acceptable error set at 1mm, we have some idea of the complexity of this architectural project. An essential complexity when it comes to any prefabricated and industrial architectural project.

- *Fomentar el proyecto de arquitectura industrializada y prefabricada. Construir tan solo con piezas de vidrio plano exige realizar un complejo proyecto, y realizar multitud de investigaciones arquitectónicas de todo tipo. Es posible que no exista un proyecto tan complejo como es el hecho de utilizar únicamente piezas de vidrio plano para construir un edificio, sin utilizar herrajes ni pegamentos. En Vitrohouse se han utilizado un total de 7.746 piezas diferentes, que se han diseñado una a una, y se han ensamblado entre sí con una precisión absoluta. El máximo error admisible ha sido de 1 mm. Eso da una idea de la complejidad del proyecto arquitectónico. Una complejidad necesaria en cualquier proyecto de arquitectura industrializada y prefabricada.*

- To construct a vertical garden set on glass walls. This involved detailed studies in various construction techniques in order to construct the garden directly on glass. A system of glass mullions and inclined perforated ledges proved to be more than efficient to attach the substrate and guarantee a constant supply of nutrients and water. The water is injected in the top and filtered by the glass across the perforated ledges where some of the water is retained and the rest passed on to the lower ledges. The end result is impressive, to say the least; a vertical garden in the middle of nowhere, set on transparent glass walls.
- To construct a green roof over a transparent structure made entirely from glass sheets.
The green roof is a fundamental part of the project, to guarantee the building's bioclimatic performance and indoor living conditions, with the least possible energy consumption. The final result has been equally impressive, a green roof apparently floating over a transparent glass structure.

- Construir un jardín vertical sobre paredes de vidrio. Se ha experimentado con varias soluciones constructivas para construir un jardín vertical construido directamente sobre vidrio. Un sistema de montantes y baldas inclinadas de vidrio perforado ha sido más que suficiente para sujetar el sustrato y garantizar su constante suministro de agua y nutrientes. El agua se inyecta en la parte superior y se escurre por el vidrio atravesando las baldas perforadas, que retienen parte del agua y dejan pasar el resto a las baldas inferiores. El resultado final es impresionante, un jardín vertical en medio de la nada, sobre muros de vidrio transparentes.
- Construir una cubierta ajardinada sobre una estructura de vidrio plano transparente. La cubierta ajardinada ha sido fundamental para garantizar el perfecto funcionamiento bioclimático de la vivienda, y garantizar las condiciones de habitabilidad de su interior, con el menor consumo energético posible. El resultado final ha sido igualmente impresionante, una cubierta vegetal que parece flotar sobre una estructura de vidrio transparente.

A house with a unique architectural structure. A sloping garden stretching out over a diaphanous space, in other words the dwelling. A triangular tower rises up from the centre, with a vertical garden. The tower forms part of the central patio and serves as a chimney to extract hot air form the house. The interior is completely diaphanous with endless distribution options, office, residence, apartments, museum, exhibition centre, etc... Similarly, the construction can be easily extended, reduced or modified, without any wastage or need for construction work. The sloping roof extends from ground level, the different heights below varying accordingly. The geothermal system, boilers and heat exchangers are all installed in the areas with minimum roof height. Accommodation on the other hand is situated in areas with maximum roof height. In the centre of the house, a covered patio, in the form of a tower, complete with vertical garden. Due to highly advanced properties, GREENBOX was constructed in Barcelona, a matter of 15 days.

La vivienda tiene una estructura arquitectónica muy singular. Un jardín inclinado deja un espacio diáfano debajo del mismo, en donde se ubica la vivienda. En la parte central se levanta una torre triangular, con un jardín vertical. Esta torre conforma el patio central, que actúa como efecto chimenea para extraer el aire caliente de la vivienda. Su interior es completamente diáfano, y permite cualquier tipo de compartimentación. De este modo la vivienda puede convertirse en oficina, residencia, apartamentos, museo, sala de exposiciones, etc.... Del mismo modo, puede ampliarse, reducirse o modificarse de forma sencilla, y sin necesidad de obras, ni generación de residuos. La cubierta inclinada es prolongación del suelo, por tanto el espacio que conforma tiene diferente altura. La maquinaria del sistema geotérmico, calderas e intercambiadores se ubican en los espacios con altura mas baja. En cambio en los espacios más altos se ubican las estancias de la vivienda. En el centro de la vivienda se ubica un patio central cubierto, con forma de torre, con un jardín vertical. Debido a sus avanzadas características GREEN BOX se construyó tan solo en 15 días, en la ciudad de Barcelona.

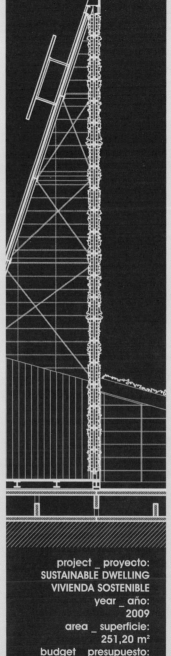

GREEN BOX

ANAVIF, Construmat 2009

project _ proyecto:
SUSTAINABLE DWELLING
VIVIENDA SOSTENIBLE
year _ año:
2009
area _ superficie:
251,20 m²
budget _ presupuesto:
234.750 €
location _ localización:
BARCELONA, ESP

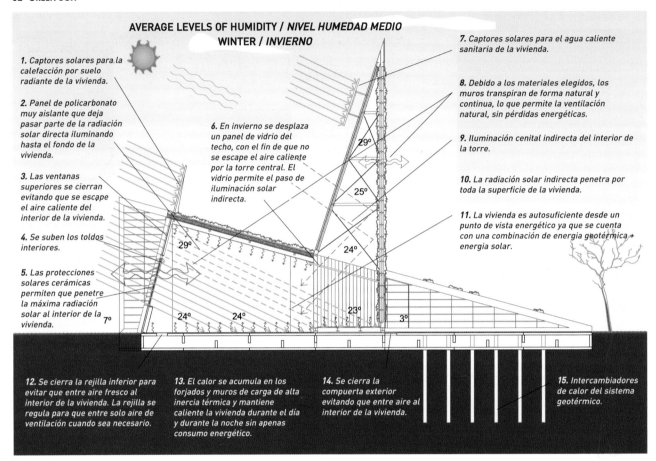

AVERAGE LEVELS OF HUMIDITY / *NIVEL HUMEDAD MEDIO*
WINTER / *INVIERNO*

1. Captores solares para la calefacción por suelo radiante de la vivienda.

2. Panel de policarbonato muy aislante que deja pasar parte de la radiación solar directa iluminando hasta el fondo de la vivienda.

3. Las ventanas superiores se cierran evitando que se escape el aire caliente del interior de la vivienda.

4. Se suben los toldos interiores.

5. Las protecciones solares cerámicas permiten que penetre la máxima radiación solar al interior de la vivienda.

6. En invierno se desplaza un panel de vidrio del techo, con el fin de que no se escape el aire caliente por la torre central. El vidrio permite el paso de iluminación solar indirecta.

7. Captores solares para el agua caliente sanitaria de la vivienda.

8. Debido a los materiales elegidos, los muros transpiran de forma natural y continua, lo que permite la ventilación natural, sin pérdidas energéticas.

9. Iluminación cenital indirecta del interior de la torre.

10. La radiación solar indirecta penetra por toda la superficie de la vivienda.

11. La vivienda es autosuficiente desde un punto de vista energético ya que se cuenta con una combinación de energía geotérmica + energía solar.

12. Se cierra la rejilla inferior para evitar que entre aire fresco al interior de la vivienda. La rejilla se regula para que entre solo aire de ventilación cuando sea necesario.

13. El calor se acumula en los forjados y muros de carga de alta inercia térmica y mantiene caliente la vivienda durante el día y durante la noche sin apenas consumo energético.

14. Se cierra la compuerta exterior evitando que entre aire al interior de la vivienda.

15. Intercambiadores de calor del sistema geotérmico.

1. Solar sensors for the underfloor heating system in the house.
2. High insulation polycarbonate panel that allows some of the direct solar radiation to penetrate to the core of the house.
3. The upper windows are closed to prevent hot air escaping.
4. The interior awnings are raised.
5. The ceramic solar shading allows as much solar radiation as possible into the house.
6. In the winter, a glass panel in the roof is moved so that hot air does not escape through the central tower. The glass allows indirect sunlight to enter.
7. Solar sensors for the sanitary hot water in the house.
8. Owing to the materials used, the walls breathe naturally and continuously, providing natural ventilation without any loss of energy.
9. Indirect overhead sunlight from the interior of the tower.
10. Indirect solar radiation penetrates the whole house.
11. The house is self-sufficient in terms of energy as it uses a combination of geothermal and solar energy.
12. The lower grille is closed to prevent cool air entering the house. The grille is regulated so that ventilation only enters the house when required.
13. Heat accumulates in the frameworks and load bearing walls with high thermal inertia and keeps the house warm during the day and night using very little energy.
14. The exterior gate is closed, preventing air from entering the house.
15. Heat transmitters from the geothermal system.

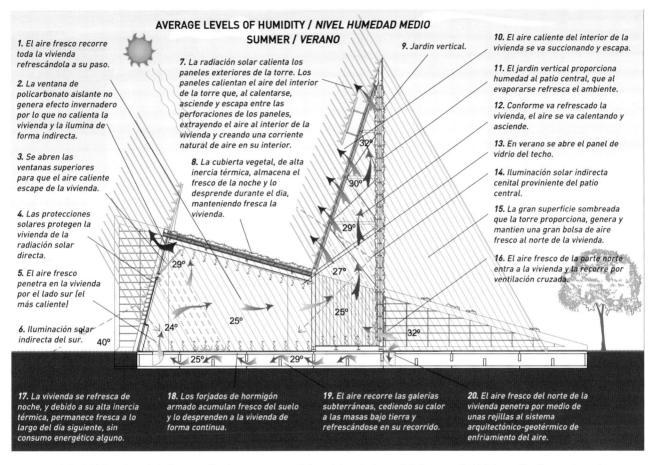

AVERAGE LEVELS OF HUMIDITY / *NIVEL HUMEDAD MEDIO*
SUMMER / *VERANO*

1. El aire fresco recorre toda la vivienda refrescándola a su paso.

2. La ventana de policarbonato aislante no genera efecto invernadero por lo que no calienta la vivienda y la ilumina de forma indirecta.

3. Se abren las ventanas superiores para que el aire caliente escape de la vivienda.

4. Las protecciones solares protegen la vivienda de la radiación solar directa.

5. El aire fresco penetra en la vivienda por el lado sur (el más caliente)

6. Iluminación solar indirecta del sur.

7. La radiación solar calienta los paneles exteriores de la torre. Los paneles calientan el aire del interior de la torre que, al calentarse, asciende y escapa entre las perforaciones de los paneles, extrayendo el aire al interior de la vivienda y creando una corriente natural de aire en su interior.

8. La cubierta vegetal, de alta inercia térmica, almacena el fresco de la noche y lo desprende durante el dia, manteniendo fresca la vivienda.

9. Jardin vertical.

10. El aire caliente del interior de la vivienda se va succionando y escapa.

11. El jardin vertical proporciona humedad al patio central, que al evaporarse refresca el ambiente.

12. Conforme va refrescado la vivienda, el aire se va calentando y asciende.

13. En verano se abre el panel de vidrio del techo.

14. Iluminación solar indirecta cenital proviniente del patio central.

15. La gran superficie sombreada que la torre proporciona, genera y mantien una gran bolsa de aire fresco al norte de la vivienda.

16. El aire fresco de la parte norte entra a la vivienda y la recorre por ventilación cruzada.

17. La vivienda se refresca de noche, y debido a su alta inercia térmica, permanece fresca a lo largo del día siguiente, sin consumo energético alguno.

18. Los forjados de hormigón armado acumulan fresco del suelo y lo desprenden a la vivienda de forma continua.

19. El aire recorre las galerías subterráneas, cediendo su calor a las masas bajo tierra y refrescándose en su recorrido.

20. El aire fresco del norte de la vivienda penetra por medio de unas rejillas al sistema arquitectónico-geotérmico de enfriamiento del aire.

1. Cool air flows through the house, cooling it down.
2. The insulating polycarbonate window does not create a greenhouse effect and therefore provides indirect illumination but does not heat up the house.
3. The upper windows are opened so hot air can escape.
4. The solar shading protects the house from direct solar radiation.
5. Cool air penetrates the house from the south side (the hottest side)
6. Indirect sunlight from the south.
7. Solar radiation heats the exterior panels on the tower. The panels heat the air inside the tower which rises and escapes through the perforations in the panels, extracting the air from inside the house and creating a natural current of air.
8. The gardened roof, with high thermal inertia, stores cool air at night and releases it during the day, keeping the house cool.
9. Vertical garden.
10. The hot air inside the house is sucked up and escapes.
11. The vertical garden provides humidity in the central patio which cools the atmosphere when it evaporates.
12. As it cools the house, the air heats up and rises.
13. In summer, the glass panel in the roof is opened.
14. Indirect sunlight from the central patio.
15. The large shadow cast by the tower provides, generates and maintains a large pocket of cool air to the north of the house.
16. Cool air from the north side enters the house and flows through it by means of cross-ventilation.
17. The house cools down at night and owing to its high thermal inertia, remains cool throughout the following day without consuming any energy.
18. The reinforced concrete frameworks accumulate cool air from the soil and continuously release it into the house.
19. The air flows through the underground galleries, cooling down as it releases its heat into the soil.
20. Cool air from the north side of the house penetrates the architectural geothermal air-cooling system via grilles.

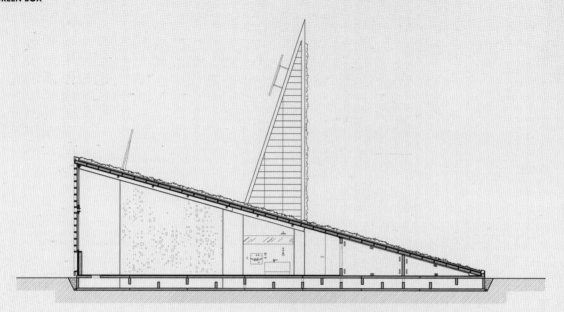

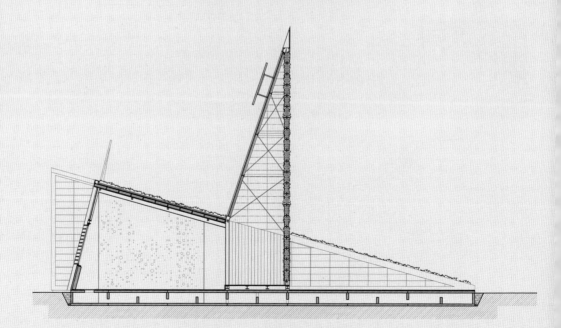

Sections.
Secciones.

The main objective is to construct a building with an unsurpassed degree of sustainability.
As far as this goes, Green Box is totally self-sufficient:
- Self-sufficient energy source from earth and sun
- Self-sufficient water supply, from rainwater, subterranean aquifers, waste water and sewage.
-Self-sufficient food supply; infinite life cycle; easily biodegradable with a view doing away with a component and easily assimilated by Nature; high energy efficiency and bioclimatic. Green Box also has the following features, guaranteeing a 100% sustainable building structure, without the need for any further actions.
-No waste production or emissions
-All incorporated materials are ecological or natural.
- Completely industrial construction.
- Total flexibility and completely transportable.
-Inexpensive.
-Requires no maintenance.

El principal objetivo es construir un edificio cuyo grado de sostenibilidad no se pudiera superar.
En este sentido hay que decir que Green Box es completamente autosuficiente:
- Autosuficiencia de energía, que se genera de la tierra y el sol.
- Autosuficiencia de agua, obteniéndola de la lluvia, acuíferos subterráneos y residuos propios de aguas grises y negras;.
- Autosuficiencia de alimentos; ciclo infinito de vida; una fácil biodegradabilidad con el fin de que si se decide prescindir de algún componente, éste puede ser asimilable fácilmente por la Naturaleza; alta eficiencia energética y bioclimática. Por otro lado, Green Box tiene las siguientes características adicionales, que garantizan que sea un edificio 100% sostenible. No hay mas acciones que puedan adoptarse.
- No genera ni residuos, ni emisiones.
- Todos los materiales son ecológicos o naturales.
- Su construcción completamente industrializada.
- Tiene una flexibilidad absoluta y una transportabilidad total.
- Bajo precio.
- No necesita mantenimiento.

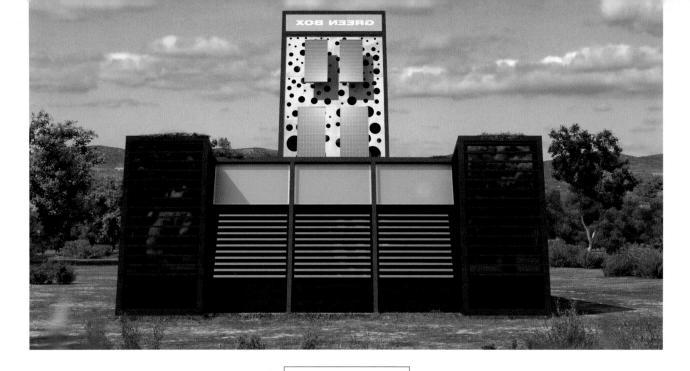

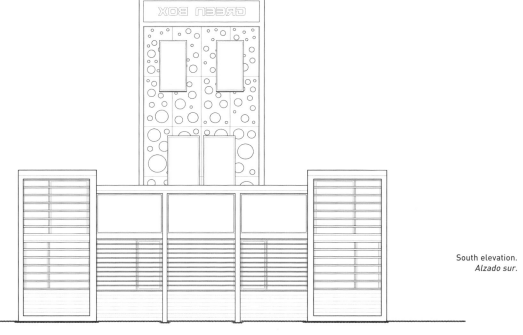

South elevation.
Alzado sur.

Two separate energy sources: thermal solar (ACS solar captors) photovoltaic and geothermic solar (includes a geothermic system for the heat pump with an incorporated bioclimatic architectural system designed to cool the air, making use of the low underground temperatures from the under floor passages). The sloping green roof (10%) is conceived to be an extension from ground level, effectively an appealing extension of the surrounding to browse over. A conventional green roof with the addition of a terrace with incorporated slats, to prevent the substrate slipping down the sloping roof. The vertical garden is twofold, on both sides of the central wall. As is the case with all the components in the Green Box, the vertical garden is dismountable, thus, it can also be repaired and transported. The infinite lifecycle is down to a twofold waffle tray system, on both sides of the tower. The vertical garden serves to purify the external ventilation air and also provide a natural light source inside the house.

La energía utilizada es de dos tipos: solar térmica (captores solares para producir el A.C.S.), solar fotovoltaica, y geotérmica (dispone de un sistema geotérmico para la bomba de calor, y e incorpora en su diseño un sistema arquitectónico bioclimático para refrescar el aire aprovechando las bajas temperaturas existentes bajo tierra, en las galerías subterráneas debajo de la vivienda). La cubierta ajardinada es inclinada (10%), y se concibe como una prolongación natural del suelo, e invita a recorrerla paseando cómodamente, como una extensión natural del jardín circundante. Es una cubierta ajardinada convencional, a la que se han añadido un sistema escalonado de rastreles para evitar que el sustrato resbale por la pendiente de la cubierta. El jardín vertical es doble, ya que se da en ambas caras del muro central. Al igual que todos los componentes de Green Box, el jardín vertical es desmontable, y por ello reparable y transportable. Lo que le proporciona un ciclo de vida infinito. Se ha utilizado un sistema doble de bandejas-gofre, en ambas caras de la torre. Este jardín vertical sirve para purificar el aire de ventilación exterior, y como sistema de iluminación natural del pario y de los espacios interiores de la vivienda.

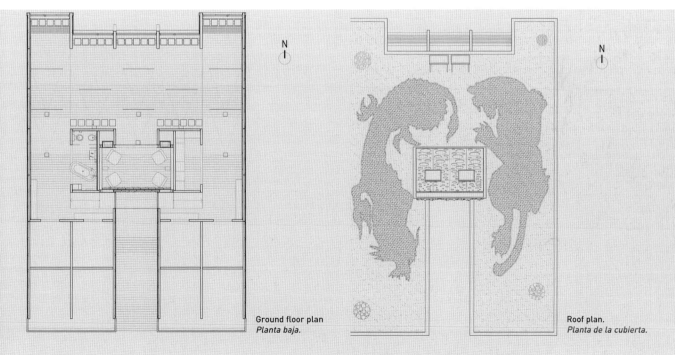

Ground floor plan
Planta baja.

Roof plan.
Planta de la cubierta.

A very special house since it appears to be carved out of the greenery. 100% sustainable, with a high bioclimatic level, the house provides its own heat, in cold climates, and cools naturally in summer, without the need for devices. The house can be dismantled (made entirely from easily dismantled prefabricated components), substantial thermal inertia and zero energy consumption. Due to the unique architectural design, the house is thermally self-regulating with practically no energy consumption. The source of this small amount of energy is the earth (with the aid of a geothermic heat pump) and the sun (photovoltaic captors). The house's most important characteristic is that almost all the building's envelope is greenery, that is to say, green roofs and facades (vertical, pitched and inverted horizontal). All this has been possible thanks the highly effective and economical "Green Wall Curtain", unequalled in global architecture.

Se trata de una vivienda muy especial, que parece esculpida en la vegetación. La vivienda es 100% sostenible, y con un elevado nivel bioclimático, capaz de calentarse por si misma, en climas muy fríos, y de refrescarse en verano, sin necesidad de artefactos. La vivienda es desmontable (está realizada en su totalidad con componentes prefabricados desmontables), tiene gran inercia térmica y un consumo energético cero. Debido a su especial diseño arquitectónico la vivienda se autorregula térmicamente, y apenas necesita energía. Además, la poca energía que necesita la obtiene de la tierra (dispone de una bomba de calor geotérmica) y del sol (captores fotovoltaicos). La característica más importante de la vivienda es que absolutamente toda su envolvente arquitectónica es completamente vegetal, es decir, dispone de cubiertas vegetales y fachadas vegetales (verticales, inclinadas y horizontales invertidas). Y ello ha sido posible gracias a un efectivo y económico sistema de "Muro-cortina vegetal", algo sin precedentes en el escenario arquitectónico global.

ECO-CASA BEARDON

Gabriel Beardon

project _ proyecto:
PRIVATE ECO-HOUSE
ECO-CASA PRIVADA
year _ año:
2011
area _ superficie:
369,40 m²
budget _ presupuesto:
495.800 €
location _ localización:
TORRELODONES, ESP

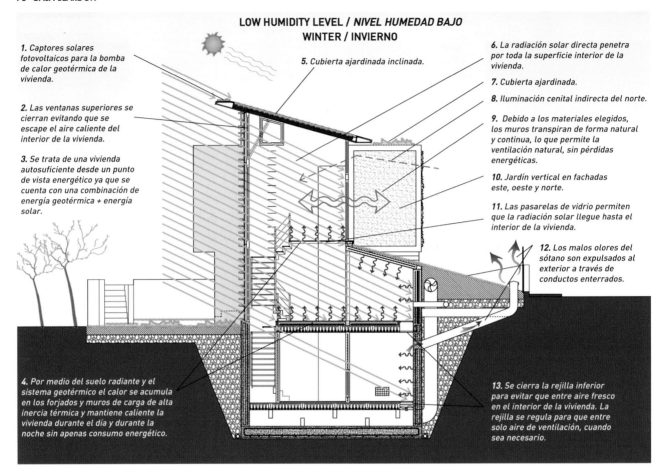

LOW HUMIDITY LEVEL / *NIVEL HUMEDAD BAJO*
WINTER / *INVIERNO*

1. Captores solares fotovoltaicos para la bomba de calor geotérmica de la vivienda.

2. Las ventanas superiores se cierran evitando que se escape el aire caliente del interior de la vivienda.

3. Se trata de una vivienda autosuficiente desde un punto de vista energético ya que se cuenta con una combinación de energía geotérmica + energía solar.

4. Por medio del suelo radiante y el sistema geotérmico el calor se acumula en los forjados y muros de carga de alta inercia térmica y mantiene caliente la vivienda durante el día y durante la noche sin apenas consumo energético.

5. Cubierta ajardinada inclinada.

6. La radiación solar directa penetra por toda la superficie interior de la vivienda.

7. Cubierta ajardinada.

8. Iluminación cenital indirecta del norte.

9. Debido a los materiales elegidos, los muros transpiran de forma natural y continua, lo que permite la ventilación natural, sin pérdidas energéticas.

10. Jardín vertical en fachadas este, oeste y norte.

11. Las pasarelas de vidrio permiten que la radiación solar llegue hasta el interior de la vivienda.

12. Los malos olores del sótano son expulsados al exterior a través de conductos enterrados.

13. Se cierra la rejilla inferior para evitar que entre aire fresco en el interior de la vivienda. La rejilla se regula para que entre solo aire de ventilación, cuando sea necesario.

1. Photovoltaic solar sensors for the house's geothermal heat pump.
2. The upper windows are closed preventing warm air from escaping.
3. This is a self-sufficient house with regard to energy as it uses a combination of geothermal and solar energy.
4. Heat accumulates in the frameworks and load bearing walls with high thermal inertia by means of the underfloor heating and geothermal heating system, keeping the house warm during the day and night using very little energy.
5. Sloping gardened roof.
6. Direct solar radiation reaches the whole interior of the house.
7. Gardened roof.
8. Indirect overhead sunlight from the north.

9. Owing to the materials used, the walls breathe naturally and continuously, providing natural ventilation without any loss of energy.
10. Vertical gardens on the east, west and north facing facades.
11. The glass walkways allow solar radiation to reach the interior of the house.
12. Any unpleasant smells from the basement are extracted via buried ducts.
13. The lower grille is closed to prevent cool air entering the house. The grille is regulated so that it provides ventilation only when it is necessary.

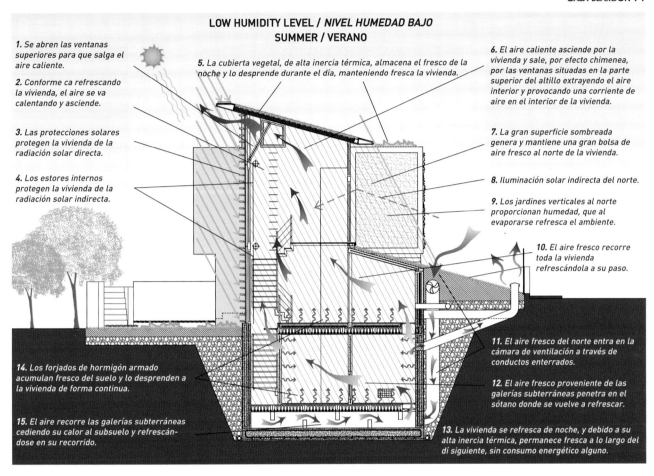

LOW HUMIDITY LEVEL / *NIVEL HUMEDAD BAJO*
SUMMER / *VERANO*

1. Se abren las ventanas superiores para que salga el aire caliente.

2. Conforme ca refrescando la vivienda, el aire se va calentando y asciende.

3. Las protecciones solares protegen la vivienda de la radiación solar directa.

4. Los estores internos protegen la vivienda de la radiación solar indirecta.

5. La cubierta vegetal, de alta inercia térmica, almacena el fresco de la noche y lo desprende durante el día, manteniendo fresca la vivienda.

6. El aire caliente asciende por la vivienda y sale, por efecto chimenea, por las ventanas situadas en la parte superior del altillo extrayendo el aire interior y provocando una corriente de aire en el interior de la vivienda.

7. La gran superficie sombreada genera y mantiene una gran bolsa de aire fresco al norte de la vivienda.

8. Iluminación solar indirecta del norte.

9. Los jardines verticales al norte proporcionan humedad, que al evaporarse refresca el ambiente.

10. El aire fresco recorre toda la vivienda refrescándola a su paso.

11. El aire fresco del norte entra en la cámara de ventilación a través de conductos enterrados.

12. El aire fresco proveniente de las galerías subterráneas penetra en el sótano donde se vuelve a refrescar.

13. La vivienda se refresca de noche, y debido a su alta inercia térmica, permanece fresca a lo largo del dí siguiente, sin consumo energético alguno.

14. Los forjados de hormigón armado acumulan fresco del suelo y lo desprenden a la vivienda de forma continua.

15. El aire recorre las galerías subterráneas cediendo su calor al subsuelo y refrescándose en su recorrido.

1. The upper windows are opened so hot air can escape.
2. As it cools the house down, the air heats up and rises.
3. The sun shadings protect the house from direct solar radiation.
4. The internal blinds protect the house from indirect solar radiation.
5. The gardened roof, with high thermal inertia, stores cool air at night and releases it during the day, keeping the house cool.
6. Hot air rises up through the house and escapes, by means of a chimney effect, through the windows located in the upper section of the loft, extracting air from the interior and creating a current of air inside the house.

7. The large shaded area generates and maintains a large pocket of cool air on the north side of the house.
8. Indirect sunlight from the north.
9. The vertical gardens on the north side afford humidity which cools the air as it evaporates.
10. Cool air flows through the house, cooling it down.
11. Cool air from the north enters the ventilation chamber via buried ducts.
12. Cool air from the underground galleries penetrates the basement and cools down once more.
13. The house cools down at night and, owing to its high thermal inertia, remains cool throughout the following day without consuming

any energy.
14. The reinforced concrete floor slabs accumulate cool air from the ground and continuously release it into the house.
15. Air flows through the underground galleries, cooling down by releasing its heat into the subsoil.

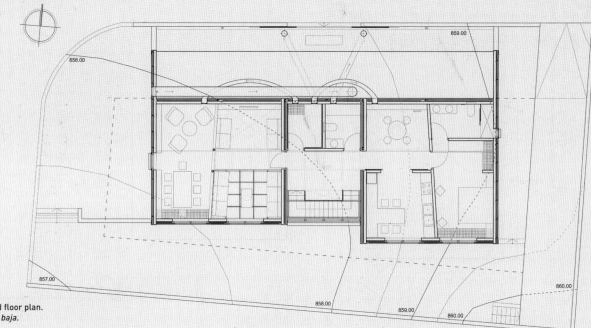

Ground floor plan.
Planta baja.

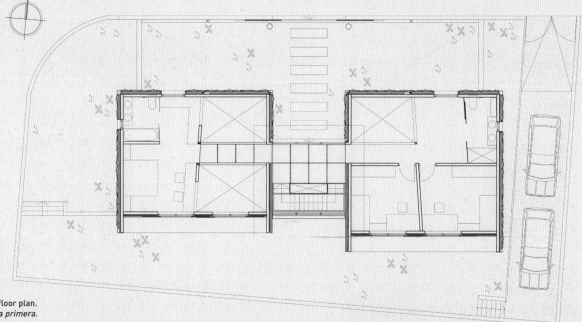

First floor plan.
Planta primera.

The house is accessed by a sloping garden leading directly to the first floor, the lower floor merged with the terrain. The lower floor is integrated with the south facing garden whilst the house itself appears to be two separate structures extending from two different ground levels around the house. Accommodation on the first floor includes an en-suite bedroom with walk in wardrobe, two single bedrooms, lounge and bathroom. The house structure is tripartite, with a central covered patio, a veritable hothouse in winter and an efficient means of generating fresh air in summer.

A la vivienda se accede por un jardín inclinado, que confunde el terreno con la planta baja, hasta llegar a la primera planta directamente. La planta baja, a su vez, está integrada con el terreno del jardín sur. De este modo la vivienda se articula como dos planos a modo de extensión de los dos niveles del terreno circundante a la vivienda. La planta primera dispone de un dormitorio, con vestidor y baño, dos dormitorios sencillos, una sala, y un baño. La estructura de la vivienda es tripartita, con un patio central cubierto, que en invierno es un potente invernadero, y en verano es un eficaz elemento para generación de corrientes de refresco.

The objective of ECOPOLISVALENCIA is to create an alternative eco-urbanism project, and create a self-sufficient eco-housing urban complex with the appearance of a garden, totally integrated with Nature. A project designed to integrate an urban housing complex with vegetation. Luís de Garrido came with an idea based on winding rows of semi-terraced houses. The layout is based on a concealed, north to south facing communication axis with linked, south facing accesses to the complex. As a result, a row of longitudinal, low roofed, semi-terraced houses meander from this axis in and east to west direction. The appearance of the urban complex is similar to bracken or tree branches. The principal construction theme is based on half buried 4 storey houses with the addition of enormous 501m skyscrapers. The complex achieves the same level of urban use as the current planning regulations as the same area in the city of Valencia (MorerasNazaret).

El objetivo de ECOPOLIS-VALENCIA es realizar un ejercicio alternativo de eco-urbanismo, y realizar una ciudad autosuficiente integrada en la Naturaleza, y con apariencia de jardín. Un modo de integrar la ciudad con la vegetación y el medio rural. Por ello Luís de Garrido ofreció una ordenación integral orgánica, formada a base de agrupaciones lineales de viviendas semienterradas, con forma sinuosa. La ordenación se basa en un eje de comunicación enterrado, con dirección norte-sur, que conecta los accesos de la ciudad por el sur. De este eje surgen de forma sinuosa, un conjunto de edificios longitudinales de baja altura y semienterrados, en dirección este-oeste. El conjunto se asemeja a la forma de helechos, o a las ramas de los árboles. La mayor parte de tipologías constructivas están formadas por viviendas semienterradas de 4 alturas, con el complemento de un enorme rascacielos de 501 m. de altura. El conjunto logra las mismas cotas de aprovechamiento urbanístico que actualmente tiene el plan general de ordenación urbana para esa misma zona de la ciudad de Valencia (Moreras-Nazaret).

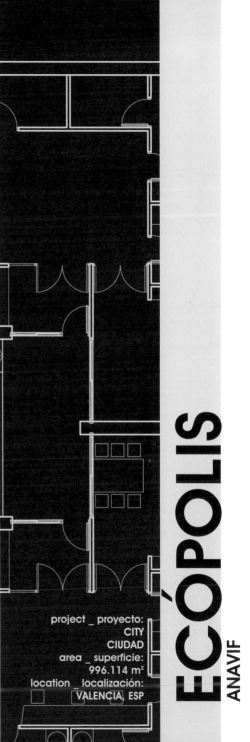

project _ proyecto:
CITY
CIUDAD
area _ superficie:
996.114 m²
location _ localización:
VALENCIA, ESP

ECÓPOLIS

ANAVIF

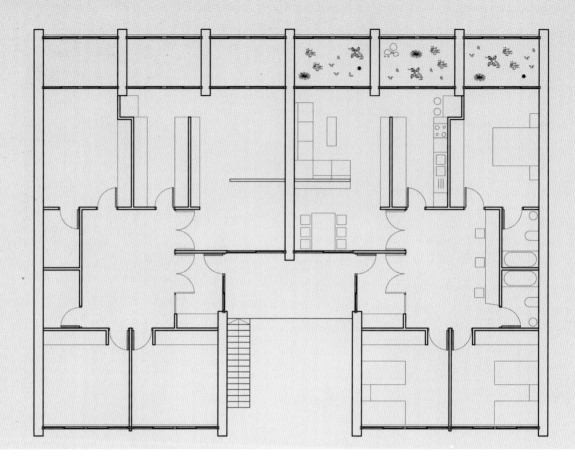

Plan.
Planta.

The buildings are half buried on the north facing side with south facing facades. As such, these exceptionally bioclimatic homes have no need of heating or air conditioning. The half-buried area within the complex serves as for road access, bicycle lanes or footpaths, as well as space for commercial premises, offices, warehouses and car parks. In effect, the complex remains out of sight of citizens passing on the south bank of river Tiria, except that is, for the skyscrapers. The appearance is of winding sand dunes, greenery and cultivation fields, not a building in sight.

Los edificios están semienterrados al norte y muestran sus fachadas al sur, lo que le confiere su carácter bioclimático extremo, y garantiza que las viviendas resultantes no necesiten calefacción, ni aire acondicionado. Por otro lado, la zona semienterrada del conjunto se aprovecha para las vías de circulación rodada, en bicicleta, y peatonal, al mismo tiempo que sirve de espacio para actividades comerciales, oficinas, almacenamiento y parqueaderos de vehículos. De este modo, un ciudadano que circulase por el lado sur del río Turia no vería edificio alguno, salvo el rascacielos. Solo serian perceptibles unas dunas sinuosas de espacios verdes y huertas....y daría la sensación de no existir nada edificado.

AVERAGE HUMIDITY LEVEL / *NIVEL HUMEDAD MEDIO*
WINTER / *INVIERNO*

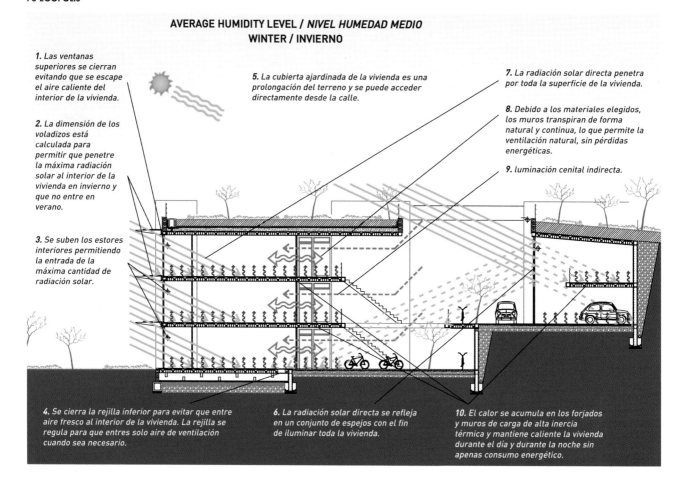

1. Las ventanas superiores se cierran evitando que se escape el aire caliente del interior de la vivienda.

2. La dimensión de los voladizos está calculada para permitir que penetre la máxima radiación solar al interior de la vivienda en invierno y que no entre en verano.

3. Se suben los estores interiores permitiendo la entrada de la máxima cantidad de radiación solar.

5. La cubierta ajardinada de la vivienda es una prolongación del terreno y se puede acceder directamente desde la calle.

7. La radiación solar directa penetra por toda la superficie de la vivienda.

8. Debido a los materiales elegidos, los muros transpiran de forma natural y continua, lo que permite la ventilación natural, sin pérdidas energéticas.

9. luminación cenital indirecta.

4. Se cierra la rejilla inferior para evitar que entre aire fresco al interior de la vivienda. La rejilla se regula para que entres solo aire de ventilación cuando sea necesario.

6. La radiación solar directa se refleja en un conjunto de espejos con el fin de iluminar toda la vivienda.

10. El calor se acumula en los forjados y muros de carga de alta inercia térmica y mantiene caliente la vivienda durante el día y durante la noche sin apenas consumo energético.

1. Top windows are closed to prevent warm air escaping from inside the house.
2. The size of the ledges is calculated to allow maximum radiation in to the house in winter and non in the summer.
3. The blinds are raised to allow maximum solar radiation into the house.
4. The lower vents are closed to prevent cold air into the house. The vent is regulated to provide ventilation when required.
5. The green roof is an extension of the terrain with direct access from the street.
6. Direct solar radiation is reflected in a set of mirrors to provide lighting throughout the house.
7. Direct solar radiation infiltrates the entire house.

8. 8. Due to the choice of building materials, the walls breathe naturally and continuously for natural ventilation, without energy waste.
9. Indirect light from above.
10. The heat accumulates in the high thermal energy steel supports and load bearing walls to keep the building warm with barely any energy consumption.

AVERAGE HUMIDITY LEVEL / *NIVEL HUMEDAD MEDIO*
SUMMER / *VERANO*

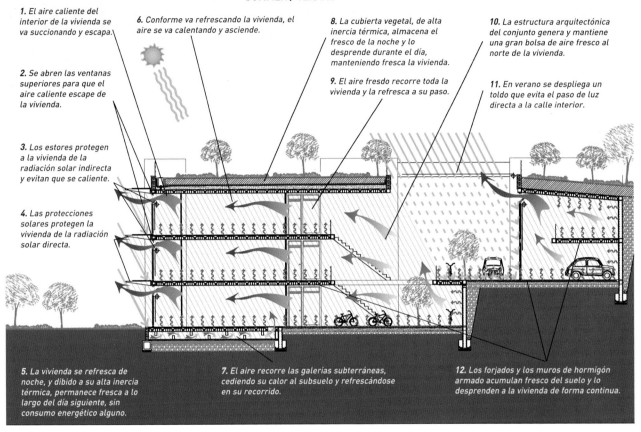

1. El aire caliente del interior de la vivienda se va succionando y escapa.

2. Se abren las ventanas superiores para que el aire caliente escape de la vivienda.

3. Los estores protegen a la vivienda de la radiación solar indirecta y evitan que se caliente.

4. Las protecciones solares protegen la vivienda de la radiación solar directa.

6. Conforme va refrescando la vivienda, el aire se va calentando y asciende.

8. La cubierta vegetal, de alta inercia térmica, almacena el fresco de la noche y lo desprende durante el día, manteniendo fresca la vivienda.

9. El aire fresdo recorre toda la vivienda y la refresca a su paso.

10. La estructura arquitectónica del conjunto genera y mantiene una gran bolsa de aire fresco al norte de la vivienda.

11. En verano se despliega un toldo que evita el paso de luz directa a la calle interior.

5. La vivienda se refresca de noche, y dibido a su alta inercia térmica, permanece fresca a lo largo del día siguiente, sin consumo energético alguno.

7. El aire recorre las galerías subterráneas, cediendo su calor al subsuelo y refrescándose en su recorrido.

12. Los forjados y los muros de hormigón armado acumulan fresco del suelo y lo desprenden a la vivienda de forma continua.

1. Hot air from inside is extracted by suction.
2. Top window are opened to allow hot air to escape from inside.
3. Blinds protect the house temperature rising from indirect solar radiation.
4. Sunshades shield the house from direct solar radiation.
5. With high thermal inertia, the house cools down overnight and remains cool throughout the following day, without any energy consumption.
6. As the temperature of the house drops the warm air rises.
7. Warm air circulates the underground passages and cools down as the heat is dispersed below.
8. With a high thermal inertia, the green roof stores the cool night air and releases it during the day, to keep the house cool.
9. The cool air circulates and cools the entire house on its way.
10. The building structure generates and stores a huge pocket of cool air on the north side of the house.
11. A sunshade opens out in summer to avoid direct light entering the pathway.
12. Reinforced concrete walls and supports accumulate cold air from the floor and continuously release the cool air throughout the house.

Section.
Sección

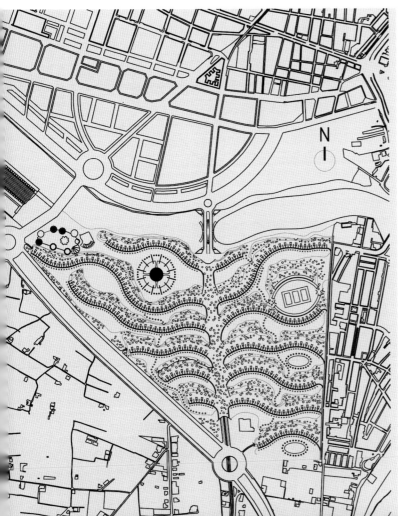

Site map plan.
Emplazamiento.

With green roofs, neither are the buildings visible from above. The same earth removed for the building construction is used to construct the banks on the northern side of each row of houses. The glazed sections in the half-buried houses are visible on the southern side. The Ecópolis-Valencia project is designed to restore a good part of Valencia's agricultural land and vegetation, destroyed by insatiable, uncontrolled urbanisation, the sole objective to rapidly generate economic wealth, destroying the surroundings, without a thought.

La misma impresión se tendría si se observara el conjunto desde el aire, ya que las cubiertas de los edificios son ajardinadas. La misma tierra que se extrae para construir, es la tierra que se necesita para construir los peraltes de la zona norte de cada conjunto. Solo la parte sur del conjunto posibilitaría observar los huecos acristalados de los edificios semienterrados. Ecópolis-Valencia permite devolver a la ciudad de Valencia, gran parte de la Huerta y de las zonas verdes desaparecidas por un urbanismo descontrolado y voraz, cuyo único objetivo era generar riqueza económica de forma endógena y rápida, destruyendo el entorno, sin ningún tipo de contemplaciones.

"Casas del Rio", very different to conventional restaurants. Located in a rural midst, in a natural paradise and isolated from any urban centre. As a result, this eco-restaurant must be self-sufficient in terms of water, energy and food supplies. Unable to connect to any water or energy supply system, the building must therefore produce its own supplies, as economically as possible. The restaurant also provides diners with alternative traditional, organic and natural culinary delights, creating a new version of local traditions. The building's undulating appearance is designed to formally demonstrate total integration with Nature. The undulation is subtle with the ends merging gently into the surrounding terrain, perceptually a continuation of the terrain, with an easily accessible roof, safe to cross. The wave-like structure is actually the green roof of the building, both facades (north and south) completely glazed to create a visual link between the inside and outside of the building.

El restaurante "Casas del Rio" pretende ser una alternativa a un restaurante convencional. Está ubicado en medio rural, en un entorno natural paradisíaco, muy lejos de cualquier centro urbano. Por ello el restaurante debe ser autosuficiente en energía, agua y alimentos. No puede conectarse a ninguna red de suministro de agua, ni tampoco a ninguna red de suministro de agua. Por tanto el edificio debe autoabastecerse, y hacerlo de forma lo más económica posible. Por otro lado el restaurante pretende ofrecer una alternativa culinaria natural, biológica y tradicional, haciendo una relectura de la tradición establecida en su entorno. El edificio tiene forma ondulada con el fin de evidenciar formalmente su total integración con la Naturaleza. La onda tiene una curvatura muy suave y sus extremos se funden con el terreno colindante de forma natural. De este modo el edificio se percibe como continuidad del terreno, por lo que a su cubierta se puede acceder con facilidad, y transitarse con comodidad. La onda conforma la cubierta del edificio, cuyas dos únicas fachadas (norte y sur) están completamente acristaladas con el fin de conectar visualmente el interior del edificio con el exterior.

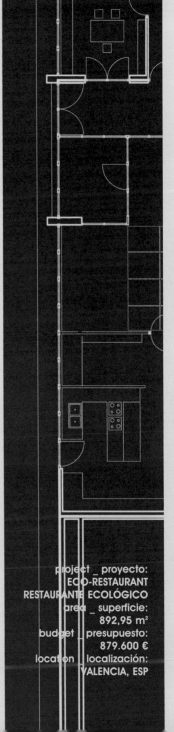

project _ proyecto:
**ECO-RESTAURANT
RESTAURANTE ECOLÓGICO**
area _ superficie:
892,95 m²
budget _ presupuesto:
879.600 €
location _ localización:
VALENCIA, ESP

CASAS DEL RIO

ANAVIF

Ground floor plan.
Planta baja.

Roof floor plan.
Planta cubierta.

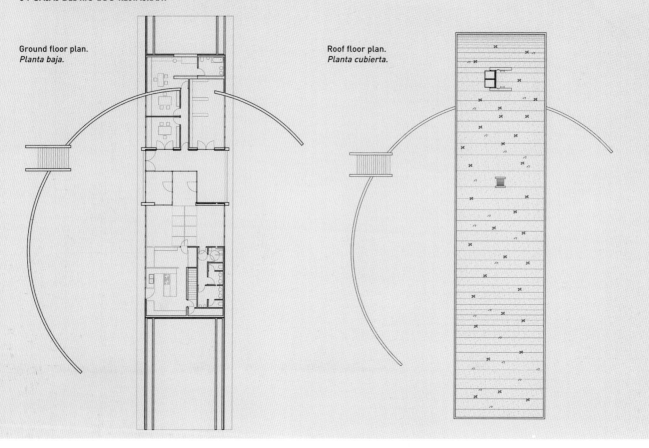

The building appears totally transparent from both north and south sides, totally integrated with the environment. The structure includes a triple-purpose tower. Support for the solar captors, suitably located for maximum performance in winter, shaded during summer, to reduce the performance and problems associated with heat and water expansion inside the solar captors. The tower also serves as a chimney to extract hot air in summer and last but not least, the inside of the Tower features a vertical garden, visible from inside the restaurant.

El edificio se percibe como transparente en dirección norte-sur, lo que le garantiza una integración formal absoluta con el entorno. El restaurante cuenta con una torre que tiene una triple finalidad. Sustenta los captores solares de forma tal que en invierno funcionan a máximo rendimiento, y en verano se hacen sombra unos a otros, disminuyendo su rendimiento, así como los problemas asociados al calentamiento y la dilatación del agua del interior de los captores. Esta torre además sirve de efecto chimenea para extraer al aire caliente del interior de la vivienda en verano. Por último, la Torre alberga un jardín vertical interior, visible desde el interior del restaurante.

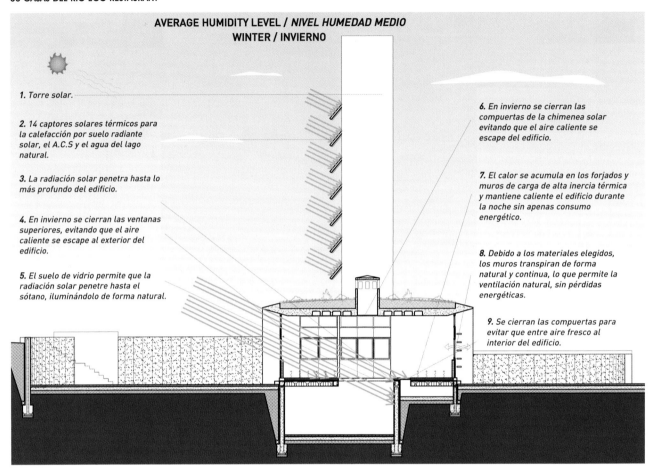

AVERAGE HUMIDITY LEVEL / *NIVEL HUMEDAD MEDIO*
WINTER / INVIERNO

1. Torre solar.

2. 14 captores solares térmicos para la calefacción por suelo radiante solar, el A.C.S y el agua del lago natural.

3. La radiación solar penetra hasta lo más profundo del edificio.

4. En invierno se cierran las ventanas superiores, evitando que el aire caliente se escape al exterior del edificio.

5. El suelo de vidrio permite que la radiación solar penetre hasta el sótano, iluminándolo de forma natural.

6. En invierno se cierran las compuertas de la chimenea solar evitando que el aire caliente se escape del edificio.

7. El calor se acumula en los forjados y muros de carga de alta inercia térmica y mantiene caliente el edificio durante la noche sin apenas consumo energético.

8. Debido a los materiales elegidos, los muros transpiran de forma natural y continua, lo que permite la ventilación natural, sin pérdidas energéticas.

9. Se cierran las compuertas para evitar que entre aire fresco al interior del edificio.

1. Solar Tower
2. 14 thermal solar captors for under-floor heating, A.C.S. and natural water from the lake.
3. Solar radiation penetrates through to the very bottom of the building.
4. The top windows are closed in winter to prevent the warm air escaping outside.
5. The glass floor enables the solar radiation to penetrate through to the basement providing natural light.
6. The vents on the solar chimney are closed in winter, preventing the warm air escaping from the building.
7. The heat accumulates in the high thermal energy steel supports and load bearing walls to keep the building warm with barely any energy consumption.

8. Due to the choice of building materials, the walls breathe naturally and continuously for natural ventilation, without energy waste.
9. Vents are closed to prevent cold air entering the building.

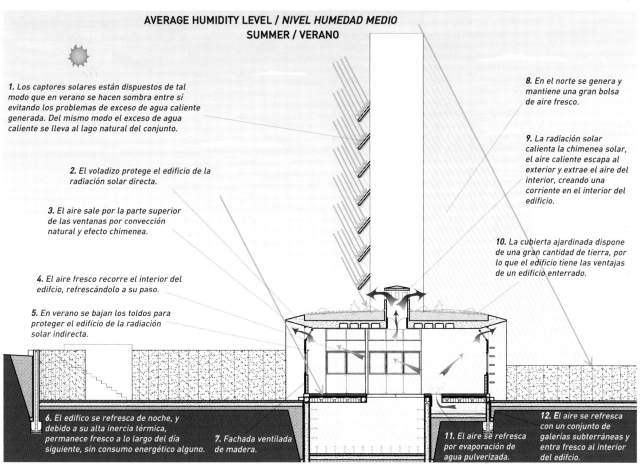

AVERAGE HUMIDITY LEVEL / *NIVEL HUMEDAD MEDIO*
SUMMER / VERANO

1. Los captores solares están dispuestos de tal modo que en verano se hacen sombra entre sí evitando los problemas de exceso de agua caliente generada. Del mismo modo el exceso de agua caliente se lleva al lago natural del conjunto.

2. El voladizo protege el edificio de la radiación solar directa.

3. El aire sale por la parte superior de las ventanas por convección natural y efecto chimenea.

4. El aire fresco recorre el interior del edifcio, refrescándolo a su paso.

5. En verano se bajan los toldos para proteger el edificio de la radiación solar indirecta.

6. El edifico se refresca de noche, y debido a su alta inercia térmica, permanece fresco a lo largo del día siguiente, sin consumo energético alguno.

7. Fachada ventilada de madera.

8. En el norte se genera y mantiene una gran bolsa de aire fresco.

9. La radiación solar calienta la chimenea solar, el aire caliente escapa al exterior y extrae el aire del interior, creando una corriente en el interior del edificio.

10. La cubierta ajardinada dispone de una gran cantidad de tierra, por lo que el edificio tiene las ventajas de un edificio enterrado.

11. El aire se refresca por evaporación de agua pulverizada.

12. El aire se refresca con un conjunto de galerías subterráneas y entra fresco al interior del edifcio.

1. The solar captors are positioned to shade each other in summer, to prevent the production of an excessive amount of hot water. Also, the unused hot water will return to the natural lake.
2. The overhang protects the building from direct solar radiation.
3. The air is extracted through the top of the windows by the chimney and natural convection.
4. Cool air circulates round the building interior, cooling the building as it passes through.
5. A sunshade folds out in summer to protect the building from indirect solar radiation.
6. With a high level of thermal inertia, the building cools overnight and remains cool throughout the following day, with no energy consumption.
7. Ventilated wooden facade.

8. A large pocket of cool air is generated and remains in the north
9. Solar radiation heats the solar chimney; the hot air escapes outside and extracts the air from inside, creating a current of air in the building.
10. With an abundance of soil on the green roof, the building has all the advantages of an underground building.
11. The air is cooled by evaporated sprinkled water.
12. The air is cooled by a set of underground passages and passed into the building

Green²House has been designed for an English writer from Shoeburyness, an idyllic spot at the mouth of the river Thames. The house opens out, like the pages of a book, representative the owner's strong social symbolism, designed to make the most of solar radiation and magnificent sea views. With sufficient water and energy supplies, the house is also flanked by crop growing fields, providing a certain amount of self-sufficiency as regards food supplies. The self-sufficient energy supply is firstly down to the reduced energy consumption as a result of the ingenious architectural design, as a result of which the house can do without heating or air conditioning equipment, neither winter nor summer. The additional energy and hot water is supplied by thermal and photovoltaic solar captors skilfully built into the façade. The self-sufficient water supply is obtained by means of a hole in the ground and a triple membrane reverse-osmosis filtration system for rainwater and waste water.

Green2House es una vivienda diseñado para un escritor inglés en Shoeburyness, en un entorno paradisíaco en la desembocadura del rio Támesis. La vivienda se abre, como un libro abierto, simbolizando el fuerte simbolismo social de su propietario, y con el fin de aprovechar al máximo la radiación solar, y las maravillosas vistas a la playa. La vivienda es autosuficiente en energía y es autosuficiente en agua. Además dispone de espaciosos campos de cultivo adyacentes, con el fin de dotarle cierta independencia alimenticia. La autosuficiencia energética se ha conseguido en primer lugar con un optimizado diseño arquitectónico, que permite que la vivienda no necesite ningún artefacto mecánico de climatización, ni en invierno, ni en verano. La energía adicional y el agua caliente se han logrado por medio de captores solares térmicos y fotovoltaicos, perfectamente integrados en el diseño de la fachada. Por otro lado la autosuficiencia de agua se ha obtenido mediante una perforación en el suelo, y un sistema de filtrado de agua de lluvia y aguas grises por triple membrana de ósmosis inversa.

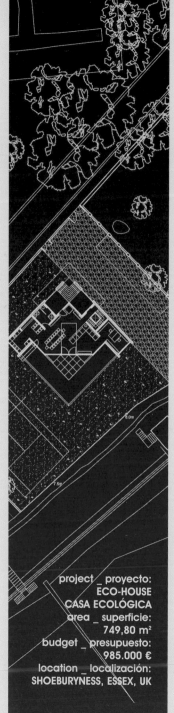

project _ proyecto:
ECO-HOUSE
CASA ECOLÓGICA
area _ superficie:
749,80 m²
budget _ presupuesto:
985.000 €
location _ localización:
SHOEBURYNESS, ESSEX, UK

GREEN²HOUSE

ANAVIF

Built with a number of floors, the house is surrounded by a swimming pool incorporated into the house's building structure. The two parameters (representing the open book "cover") north and south, are vertical gardens with a low water consumption, thanks to the "waffle-tray" system, an average weight and removable. With a high thermal inertia the green roof is crowned by local plant species from the Thames valley.

La vivienda se estructura en varios niveles, y está rodeada por una piscina integrada en su propia estructura arquitectónica. Los dos paramentos (que conforman las "tapas" del libro abierto) situados sl norte están compuestos por un jardín vertical de bajo consumo de agua, realizado por el sistema de "bandejas-gofre" desmontables con estrato semipesado. La cubierta ajardinada tiene una elevadísima inercia térmica, y esta coronada por especies vegetales autóctonas de la desembocadura del Támesis.

AVERAGE HUMIDITY LEVEL / *NIVEL HUMEDAD MEDIO*
WINTER / *INVIERNO*

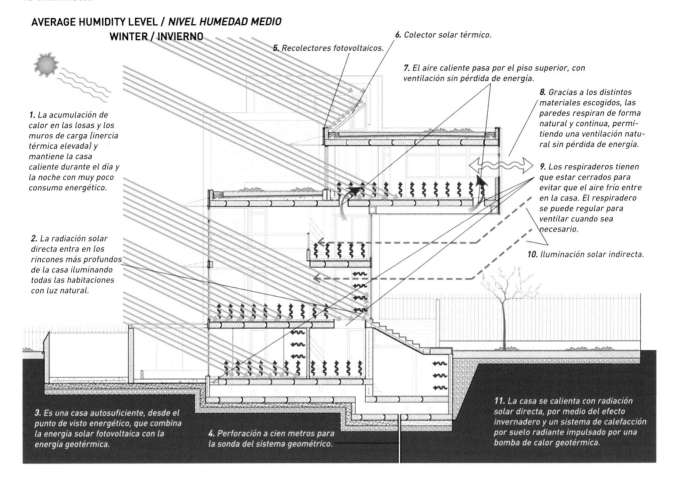

6. Colector solar térmico.

5. Recolectores fotovoltaicos.

7. El aire caliente pasa por el piso superior, con ventilación sin pérdida de energía.

8. Gracias a los distintos materiales escogidos, las paredes respiran de forma natural y continua, permitiendo una ventilación natural sin pérdida de energía.

1. La acumulación de calor en las losas y los muros de carga (inercia térmica elevada) y mantiene la casa caliente durante el día y la noche con muy poco consumo energético.

9. Los respiraderos tienen que estar cerrados para evitar que el aire frío entre en la casa. El respiradero se puede regular para ventilar cuando sea necesario.

2. La radiación solar directa entra en los rincones más profundos de la casa iluminando todas las habitaciones con luz natural.

10. Iluminación solar indirecta.

3. Es una casa autosuficiente, desde el punto de visto energético, que combina la energía solar fotovoltaica con la energía geotérmica.

4. Perforación a cien metros para la sonda del sistema geométrico.

11. La casa se calienta con radiación solar directa, por medio del efecto invernadero y un sistema de calefacción por suelo radiante impulsado por una bomba de calor geotérmica.

1. The heat accumulation in the slabs and bearing walls (high thermal inertia) and it keeps the house warm during the day and night with little energy consumption.
2. Direct solar radiation enters the deepest places of the house lighting every room with natural light.
3. It is a self-sufficient house, from an energy perspective, it combines photovoltaic solar energy with geotherman energy.
4. Drilling a hundred meters for the geothermal system probe.
5. Photovoltaic collectors.
6. Solar thermal collector.
7. The hot air passes through the upper floor, vented without energy loss.
8. Because of the different materials chosen, the walls breath naturaly and continuosly, this allows natural ventilation without any energy loss.
9. The vents have to be closed to prevent fresh air entering the house. The vent can be regulated for ventilation, when needed.
10. Indirect solar illumination.
11. The house is heatd with direct solar radiation, through the greenhouse effeect and a system of underfloor heating which is powered by a geothermal heat pump.

AVERAGE HUMIDITY LEVEL / *NIVEL HUMEDAD MEDIO*
SUMMER / *VERANO*

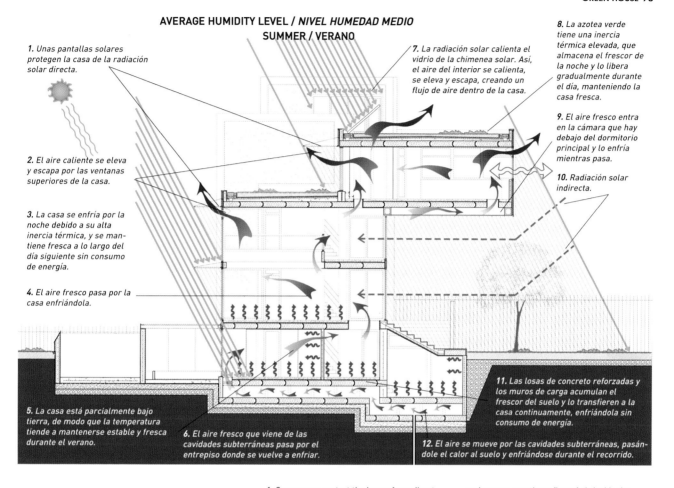

1. Unas pantallas solares protegen la casa de la radiación solar directa.

2. El aire caliente se eleva y escapa por las ventanas superiores de la casa.

3. La casa se enfría por la noche debido a su alta inercia térmica, y se mantiene fresca a lo largo del día siguiente sin consumo de energía.

4. El aire fresco pasa por la casa enfriándola.

5. La casa está parcialmente bajo tierra, de modo que la temperatura tiende a mantenerse estable y fresca durante el verano.

6. El aire fresco que viene de las cavidades subterráneas pasa por el entrepiso donde se vuelve a enfriar.

7. La radiación solar calienta el vidrio de la chimenea solar. Así, el aire del interior se calienta, se eleva y escapa, creando un flujo de aire dentro de la casa.

8. La azotea verde tiene una inercia térmica elevada, que almacena el frescor de la noche y lo libera gradualmente durante el día, manteniendo la casa fresca.

9. El aire fresco entra en la cámara que hay debajo del dormitorio principal y lo enfría mientras pasa.

10. Radiación solar indirecta.

11. Las losas de concreto reforzadas y los muros de carga acumulan el frescor del suelo y lo transfieren a la casa continuamente, enfriándola sin consumo de energía.

12. El aire se mueve por las cavidades subterráneas, pasándole el calor al suelo y enfriándose durante el recorrido.

1. Sunscreens protect the house from direct solar radiation.
2. Warm air rises and escapes through the upper windows of the house.
3. The house cools at night due to its high hermal inertia, stays cool throughout the next day without power consumption.
4. Fresh air runs through the house coolin it as it passes by.
5. The house is partially undeground so that its temperature tends to remain stable and cools throughout the summer.
6. The cool air coming from underground cavities passes through the mezzanine where it cools again.
7. Solar radiation heats the glass of the solar chimney. Thus, the air inside is heated, rises and scapes, creating a flow of air inside the house.
8. The garden roof has a high thermal inertia, that stores the cool from night and releases it gradually during the day keeping the house cool.
9. Fresh air enters the chamber beneath the master bedroom and cools it as it passes.
10. Indirect solar illumination.
11. The reinforced concrete slabs and load bearing walls accumulate the grounds coldness and transfer it to the house continuosly, cooling without energy comsumption.
12. The air movers throught the underground cavities, giving its heat to the ground and cooling on its way.

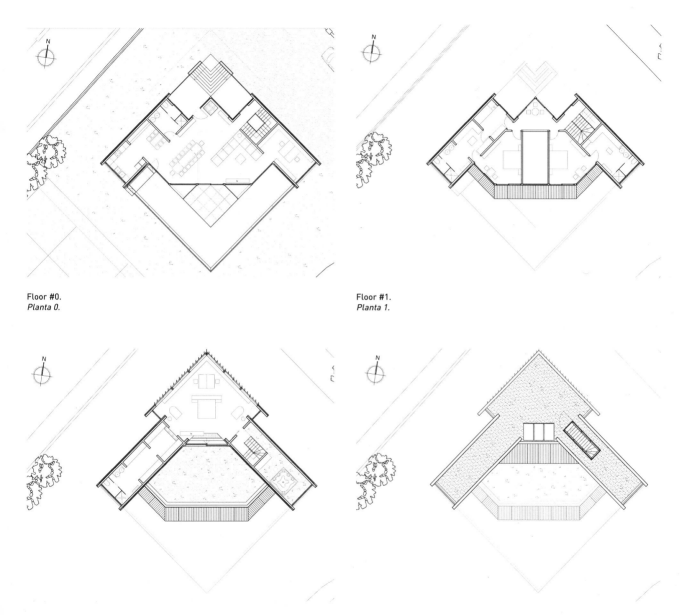

Floor #0.
Planta 0.

Floor #1.
Planta 1.

Floor #2.
Planta 2.

Floor #3.
Planta 3.

SUSTAINABLE ARCHITECTURE

GREEN IN GREEN